W0007525

המפתח לעולם החינוך

אנציקלופדיה ומחקר למנהלי מוסדות חינוך

מאת מוטל ווכטר

STRATEGIC MANAGEMENT

המפתח לעולם החינוך

אנציקלופדיה ומחקר למנהלי מוסדות חינוך

The key to the world of education

A Complete Encyclopedia and research For Principals of Educational Institutions

מהדורה שלישית
Third Edition

Copyright @ 2015 By כל הזכויות שמורות למו"ל

Mr. Mottel Wechter
Strategic Management
44 CHABAD GATE
THORNHILL ON. L4J - 2R3
Canada

Cell: 647 – 221 -1741
Email: MottelWechter@gmail.com
www.Strategic-Management.co

בהתאם לחוק הבינלאומי כל הזכויות שמורות למו"ל. אין רשות להעתיק, לצלם, לתרגם את הספר או חלקים ממנו, בכל צורה שהיא, בלי רשות מפורשת וכתובה מהמו"ל.

All rights reserved. No part of this book may be translated, reproduced, stored in a retrieval system, or transmitted in any form or by any means, electronic, mechanical, photocopying, recording, or otherwise, without prior permission in writing from the publisher.

מפתח עניינים

כרך שני

מפתח עניינים

כרך שני

פתח דבר לכרך שני

פתח דבר לכרך שני

"יודו לה' חסדו ונפלאותיו לבני אדם".

ברגשי גיל והודאה לבורא עולם ומנהיגו, הנני בזה להגיש לצבא המנהלים כרך שני (יחד עם הנספח שיצא לאור – כרך שלישי) של הסדרה "המפתח לעולם החינוך - אנציקלופדיה ומחקר למנהלי מוסדות חינוך".

כרך זה כקודמו נערך ע"י ר' הרצל קוסאשוילי שי'.

כרך שלישי (יחד עם הנספח – כרך רביעי) יהיה מוכן בע"ה לקראת חנוכה הבעל"ט.

ללקוחותינו הנכבדים הנני מאחל מעומקא דליבא: קריאה מהנה ומועילה, והצלחה מופלגה בעבודתכם החשובה והחיונית לעם ישראל ולעולם כולו.

עלו וכבשו את הארץ, אל תיראו ואל תחתו - כי ה' איתכם!

מוטל ווכטר

עורך סדרת הספרים "חינוך בדקה – אנציקלופדיה חינוכית להורים מורים ומחנכים", "המפתח לעולם החינוך – אנציקלופדיה ומחקר למנהלי מוסדות חינוך", "המפתח לעולם החינוך – אנציקלופדיה ומחקר למשרד החינוך".

י"ד ניסן, יום הולדת 'הנשר הגדול' - הרמב"ם זיע"א, ה'תשע"ח.
טורונטו, קנדה.

שער חמישי

תנאי עבודה

ערך ראשון

הסכם עבודה

ערך ראשון
הסכם עבודה

בערך הקודם הוסבר על הצורך בחתימת הסכם עם כל מורה. כמו כן הוסבר, שהחוברת 'אתיקה חינוכית' הינה חלק הארי של ההסכם עם המורה.

לפנינו דוגמא להסכם סטנדרטי עם מורה.

ב"ה

תלמוד תורה 'בית אברהם'
הסכם עבודה עם המורה שליט"א

✍ המורה הרב ר' _____ שליט"א מקבל על עצמו להיות מורה בבית ספרנו, לקראת שנת הלימודים הבעל"ט - תשע"ז.

לכיתה: _____

שעות הוראה: _____

התחייבות ההנהלה

✍ הנהלת המוסד מתחייבת בזה לשלם להרב הנ"ל משכורת בסכום של

_____ $ לשעה.   _____ $ לשבוע.   _____ .$ לשנה.

✍ אם בדעת המנהל שאין המורה מתאים להמשיך בעבודתו לקראת שנת הלימודים החדשה - על המנהל להודיע זאת למורה, לא יאוחר מל"ג בעומר.

התחייבות המורה

✍ המורה מתחייב בזה למלאות שליחותו באמת ובנאמנות, להיות מסור ונתון לתפקידו ולתלמידיו, גם בשעות שמחוץ לשעות הרשמיות של המוסד, ככל שיידרש לטובת התלמידים שיחיו.

✍ חוברת יד "אתיקה חינוכית" הינה חלק בלתי נפרד מהסכם זה. והפרת הכתוב בה כהפרת ההסכם כולו.

✍ אם בדעת המורה לסיים תפקידו לקראת שנת הלימודים החדשה - עליו להודיע זאת למנהל לא יאוחר מל"ג בעומר.

התחייבות המורה - פרטים

✍

✍

✍ תאריך חתימת ההסכם:

✍ החוזה בתוקף עד:

✍ חתימת המורה:

✍ חתימת המנהל:

✍ חתימת חבר הנהלת המוסד:

✍ חתימת חבר הנהלת המוסד:

✍ חתימת חבר הנהלת המוסד:

ב"ה

בית ספר לבנות 'עטרת שרה'
הסכם עבודה עם המורה תחי'

✍ המורה מרת _____ תחי' מקבלת על עצמה להיות
מורה בבית ספרנו, לקראת שנת הלימודים הבעל"ט - תשע"ז.

לכיתה: _____

שעות הוראה: _____

__התחייבות ההנהלה__

✍ הנהלת המוסד מתחייבת בזה לשלם למורה הנ"ל משכורת בסכום של

_____ $ לשעה.   _____ $ לשבוע.   _____ .$ לשנה.

✍ אם בדעת המנהל/ת שאין המורה מתאימה להמשיך בעבודתה לקראת שנת הלימודים
החדשה - על המנהל להודיע זאת למורה, לא יאוחר מל"ג בעומר.

__התחייבות המורה__

✍ המורה מתחייבת בזה למלאות שליחותה באמת ובנאמנות, להיות מסורה ונתונה לתפקידה
ולתלמידיה, גם בשעות שמחוץ לשעות הרשמיות של המוסד, ככל שיידרש לטובת התלמידות
יחיו.

✍ חוברת יד "אתיקה חינוכית" הינה חלק בלתי נפרד מהסכם זה. והפרת הכתוב בה כהפרת
ההסכם כולו.

✍ אם בדעת המורה לסיים תפקידה לקראת שנת הלימודים החדשה - עליה להודיע זאת למנהל
לא יאוחר מל"ג בעומר.

__התחייבות המורה - פרטים__

✍

✍

✍ תאריך חתימת ההסכם: _____

✍ החוזה בתוקף עד: ______________________

✍ חתימת המורה: ______________________

✍ חתימת המנהל/ת: ______________________

✍ חתימת חבר הנהלת המוסד: ______________________

✍ חתימת חבר הנהלת המוסד: ______________________

✍ חתימת חבר הנהלת המוסד: ______________________

ערך שני

משכורת

ערך שני
משכורת

א. השכר (משכורת) - הינו התקציב הגדול והמרכזי במוסד חינוכי. למרות פשיטות הדברים לכאורה - למרבית הצער נראה שהנושא דורש עיון וליבון.

עובדה ידועה היא שתשלום שכר למורה אינו מהגבוהות ביותר במשק למצער. דווקא ההיפך, במדינות כמו אנגליה וארץ הקודש, המשכורת החודשית הינה קטסטרופה לכל דבר. האמת תיאמר: בלתי אפשרי שמורה בעל משפחה, יוכל להתקיים ממשכורת עלובה זו. למרות שגם במדינות הנהנות מרווחה כלכלית יותר - משכורת המורה אינה מכבדת את בעליה כראוי.

לכך כמה סיבות:

1. ברוב מוסדות חינוך חברי הנהלה הם אנשים בעלי יכולת, שחלקם מעולם לא טעמו טעם של עניות, ואין להם שמץ של מושג שעניות אינה רק שלעני חסר כסף - אלא שחייהם אינם חיים כפשוטם. ההשלכות של מצב ה'עוני' כפי שיוסבר לקמן אינו נתפס בדעתם. כך שההחלטה על גובה המשכורת היא בהתאם.

2. אלו שיושבים ליד הקופה מקבלים משכורת גבוהה. ונראה שחלק ניכר מהם שכחו את הטעם המר של העוני.

3. שורש הבעיה היא בתפיסה ובמודעות לעניין: דבר פשוט הוא שלעו"ד מקצועי ממוצע מותר לגבות שכ"ט $350/200 לשעה, שהרי מדובר במוצר מבוקש. וכך גם רופא מהולל. מאידך מורה, עדיין לא חדר לתודעה ולהכרה הראויה, שמדובר ב'עיני העדה' על כל המשתמע מכך! ואי לכך, <u>למחנך מגיע בצדק וביושר תשלום שכר מכובד ביותר!</u>

כל עוד הדבר לא נכנס לתלם והפך לנורמה המקובלת, הרי שהמורים ימשיכו לשאת בסבל על גבם את מערכת החינוך וטובת התלמידים, והתוצאות היו ויהיו בהתאם...

באותה מידה שברור שמערכת החינוך העכשווית, דורשת שינוי דרסטי ומהותי (במיוחד בבתי ספר הלא דתיים באה"ק שבשנים אחרונות נחלה כישלון חרוץ) - כך חייבת להיות הנחה פשוטה ושינוי מהותי בתשלום שכר גבוה והולם למורים בכלל ולמצטיינים בחינוך מיוחד!

ב. לנושא רעיון עמוק יותר: לתשלום משכורת כמה היבטים. ולמרות שבמונחי בנקאות, כל זמן שלצ'ק יש כיסוי, אין כל הבדל למה הפועל קיבל את שכרו - מדובר בהבדל מהותי ומשמעותי (וככל דבר במסגרת חינוכית, הדבר בא בסופו של דבר, בצורה זו או אחרת לידי ביטוי בחינוך התלמידים):

1. מחיר.
2. תשלום בזמן.
3. "סבר פנים יפות" (פרט עיקרי במצוות הצדקה). במישורים אלו הוא בא לידי ביטוי אם משלמים מתוך הכרח, או מתוך הזדהות ורגש עמוק של צדק ויושר.
4. העיקר: ההבדל בא לידי ביטוי משמעותי ברמת החיים של המורה, וכתוצאה מכך – גם רמת עבודה!

א) פשוטו של מקרא מחייב לשלם למחנך. האם אפשר אחרת? בהעדר תשלום המוסד יפשוט רגל. בגישה זו תשלום משכורת היא מכורח המציאות בעלמא.

ב) דרגה נעלית יותר היא "טבע הטוב להטיב": ההיגיון האנושי מחייב לשלם משכורת נאה לפועל מסור.

ג) אך לאמתו של דבר (1) לתשלום שכר מכובד למחנכים גם היבט חינוכי ממדרגה ראשונה:

בניגוד לפועל או בעל עסק שמגיע הביתה לאחר יום העבודה, כל המוטל עליו לעשות הוא, טיפול בענייניו האישים ובצרכי ביתו (ואצל בעל יכולת - גם זה מיותר) – כך שבפועל, לאחר יום עבודה ארוך ומתיש, המורה רק מתחיל את הערב עם ריבוי עצום של עבודה.

לצורך העניין נמחיש את סדר יומו העמוס של המורה בשעות הערב (בערב רגיל ואפור, לא כולל ערבי החג אז המורה טרוד גם בעבודתו בבית, ולא פחות עמוס בעבודת הקודש):

1. המחנך מקדיש כמה דקות למחשבה ולחשבון נפש אמיתי מהיום שעבר, על הצלחותיו ועל כישלונותיו. חושב כיצד לתקן כישלונותיו, ולשפר רמת הכיתה.

2. חלק נכבד מהזמן מוקדש לטלפן להורים לדווח על בעיות, ודברים הדורשים תיקון. עבודה שאצל מורה מסור גוזלת המון זמן ואנרגיה.

3. על המורה להכין ריבוי שיעורים, דפי עבודה וכו' ליום המחרת. הדורש כמה שעות של עיון במנוחת הנפש והגוף.

4. מורה מסור יוצר קשר אישי עם תלמידיו, במיוחד חלשים ובינוניים, ועוד דברים נפלאים שמורה מסור ממציא מזמן לזמן.

5. ידידנו המורה אף מקדיש זמן לעזרה בבית, טיפול בילדים, וכו'.

6. "נשים מאהל תבורך". ועל כל יהודי מוטל חובה להקדיש זמן נכבד עבור בניית בית המקדש הפרטי שלו.

7. "ומבשרך אל תתעלם", קביעת עיתים לתורה ועבודת השם, נאמר גם על מחנך נפלא.

תסריט זה הינו במקרה הטוב, כאשר המורה שקוע בעבודת הקודש מתוך מנוחת הנפש והגוף, נטול כל דאגה או עבודה שנעשות ע"י אחרים.

כאשר למורה מתווספות דאגות שונות ומשונות, חלק נכבד נקרא בלשון עמא דבר "דאגת הפרנסה" - התסריט נראית אחרת לגמרי, ולסדר יומו העמוס מתווספים עוד כמה פריטים שבאמת היו יכולים להימנע ממנו. בואו נמשיך להציץ ביומן המחנך מהסוג הזה:

1. האישה חייבת לצאת לעבודה ולהיעדר מהבית לחלק נכבד מהיום, על כל השלכותיו השליליות. עובדה שלא רק שממעטת עזרה לבעל המחנך, אלא עוד מוסיפה עבורו מטלות ולחץ.

2. המורה מבזבז ריבוי שעות בניקיון, קניות, וכדומה. "מותרות" שנבצר ממנו לקבל מחוסר תקציב!

3. היות שהצ'ק לא הגיע בזמן, וברגע האחרון עליו לכסות את הגירעון בבנק, או לשלם לחברת החשמל שכבר שלחה "מכתב אזהרה אדום" - על המורה להתחיל ב"גילגולים"... (מושג מוכר למבקרים קבועים בגמ"חים).

4. בכדי להשלים את ההכנסה מהמשכורת העלובה, על המורה להתרוצץ ממשרד למשרד בכדי לקבל סיוע ממשלתי (דבר שכרוך בהרבה ביטול זמן). או לחלופין להסתובב בין חנויות בכדי לחפש את ה"מציאות" הכי זולות, בהתאם למצבו הכלכלי הקשה אליו נקלע שלא בטובתו.

5. חלק ניכר מהזמן וגם מהראש מתבזבז לחשב חשבונות מיותרים (למי לשלם קודם ומה לדחות, איזה חור לתקן עכשיו ואיזה בעוד חודש, כמה חייבים לגמ"ח זה, ולפלוני אלמוני המלווה שכבר התקשר כמה פעמים לתבוע בחזרה ההלוואה, וכמה לשמור לקניות להוצאות דחופות). וכאשר מצב הבנק במצוקה - הדו שיח עם אשת החיל היא עבודה בפ"ע.

6. מכת המדינה בקרב מחנכים היא: חיפוש אחר עבודה נוספת להשלמת הכנסה, ולו רק בכדי שיוכלו לשים על השולחן לחם צר ומים! עובדה שלה השלכות חמורות ביותר בכל תחום ומישור. האם שייך להתמסר לעבודת החינוך כאשר הראש מונח במשרה אחרת המנפיקה רווחים?

נקל לתאר כמה זמן נשאר אחרי "סדר יום" שכזה ומהן תוצאותיו החמורות...

לא רק העדר זמן הוא חסרון. העדר התמסרות מתאימה הינה שיא החיסרון: ברור שאם המורה רוצה באמת להשפיע על תלמידיו שיגדלו כראוי בכל התחומים - על המורה להשקיע את כל חייו בעבודה זו. כלומר: לא די בכך שהמורה עושה בפועל עבודתו בשלימות הראויה - על המורה <u>לחיות</u> עם שליחותו. וזו <u>הדרך היחידה</u> להמציא כל הזמן אופנים ודרכים חדשות איך וכיצד לקדם את רמת עבודתו. בדוגמת בעל עסק שכל החיים שלו זה העסק, ע"ז הוא חושב כל היום ומחפש כל הזמן עצות ורעיונות איך לקדם את העסק, עד שגם בלילה הוא חולם ע"ז.

<u>בדוק ומנוסה</u> שמורה שעסוק וטרוד כל הזמן במשימות שיכולות להיעשות ע"י אחרים, אינו חי עבודת החינוך <u>באמת!</u> והניסיון המר הוכיח את עצמו בכגון דא.

סיכום הדברים: כתוצאה מהעדר משכורת מכובדת, המורה מבזבז זמן יקר, ואינו מונח בשליחותו!

מאידך ברור, שכאשר למורה משכורת מכובדת ברשותו לחסוך הרבה זמן יקר, ולנצלו לפעול גדולות ונצורות:

1. עקרת הבית לא מחויבת לעבוד ויכולה להתעסק הרבה יותר זמן עם חינוך הילדים, ענייני הבית, קניות וכדומה. והמחנך על הדרך כבר קיבל "עזר כנגדו" מעולה.

2. המורה יכול לשכור עוזרת בית, ו/או "בייבי סיטר". חסכון בזמן והתחייבות להיות מרותק למטלות הבית.

3. המורה חוסך זמן לחפש הלוואות והנלווה לכך.

4. סיוע ממשלתי, מציאות, וכדומה - לא קיים בלקסיקון של מחנך.

5. החיסכון בחישוב חשבונות - גם הוא חסכון מכובד.

6. עבודה בשעות הערב - מופרך לחלוטין אצל מורה מסור.

וכך בדיוק המורה יכול לחלק את זמנו הפנוי בין ענייני הבית ההכרחיים לעבודת הקודש...

המסקנה ברורה: באם הנהלת המוסד דורשת וחפצה בטובת המוסד - עליה לדאוג לכך שהמורים יוכלו לבצע שליחותם בלי כל דאגה גשמית. מתוך הכרה <u>ברורה</u> <u>שזה עוזר בפועל בחינוך התלמידים</u>.

✵

ג. חייב להיות מחירון למשכורת. ומופרך שמחירים יקבעו לפי הכלל של 'כל דאלים גבר' שמנוגד לשו"ע, לכללי הצדק והיושר וההיגיון האנושי, וגורם לקנאה, שנאה ומחלוקות מיותרות בין חברי הצוות.

מחירון למשכורת נקבע לפי חוקי המדינה, שנמדד בהתאם לשנות ניסיון בחינוך בכלל (כלומר: מורה חדש במוסד, אך יש לו וותק בחינוך במוסדות חינוך אחרים מקבל בהתאם). ועם התקדמות הניסיון - המשכורת עולה.

לפי עיקרון זה, כשמדובר במוסדות חינוך יהודיים, רובם בעלי משפחות גדולות - אין זה הגיוני ומציאותי לשלם רק בהתאם לשנות הניסיון. עובדה שתגרום לכך שמורה מוכשר בעל משפחה שרק עתה מתחיל את עבודתו בשדה החינוך - לא יוכל להתפרנס בכבוד (בלשון המעטה).

חייב שלמוסדות חינוך יהודיים יהיו שני מסלולי משכורת: 1. מסלול שמבוסס על שנות ניסיון. ומיועד למתחילים בעלי משפחות קטנים. 2. מסלול שני המיועד לבעלי משפחות: סכום בסיסי בהתאם להוצאות המחיה למשפחה במדינה זו, ותוספת לכל ילד בהתאם.

חשוב שצוות המוסד ידע שמשכורת נקבעת בהתאם לכללי הצדק והיושר.

העלאה במשכורת (מדי שנה, או שנתיים) היא בהתאם: 1. במסלול הראשון - לפי ניסיון והתקדמות. 2. למסלול השני - לפי מספר הילדים המתווספים למשפחה.

חובה להבהיר שמחירים אלו נקבעו במשרד החינוך הממלכתי. ע"פ רוב מדובר במורים בעלי משפחות ממוצעות ומטה. ואי לכך בבתי ספר יהודיים דתיים יש לקחת בחשבון את הריבוי הטבעי של המשפחה, כמו גם חיים ע"פ תורה שמעלה את הצרכים ואת העלויות באחוזים ניכרים!

ד. בנוסף למשכורת הקבועה, שע"פ רוב מיועדת להוצאות מחיה רגילות ויום-יומית בלבד - ישנם תשלומים נוספים שהמוסד חייב לשלם:

ובהקדם: הנתונים דלקמן מבוססים על הנהוג בכגון דא בעולם העסקי, בחברות גדולים ומתקדמות.

לתשלומים אלו מטרות ומגמות ברורות. חלקם לטובת החברה, וחלקם לטובת הפועל. מומלץ לאמץ חוקים אלו לטובת הצוות, המוסד וחינוך הילדים:

1. פטור ממס רווח: לחברה משתלם לקנות לדוגמא מתנות יוקרתיות לחג עבור כל הפועלים, ולו רק בכדי שזה ייחשב להוצאה מוכרת, ויתקזז מהרווחים של החברה. בנושא זה יש להתייעץ עם רו"ח מוסמך ובכיר.

2. לחברה אינטרס מוצהר לתת לפועלים אווירת השתייכות לחברה. על מנת שהפועל יראה את האינטרסים של החברה כאינטרס אישי שלו. מה שיביא לכך שההתמסרות שלו לעבודה תהיה בהתאם! בפסיכולוגיה זו טמונה הרבה חכמה ומחשבה. חברות גדולות ומצליחות מפעילות מוחות במשרה מלאה ולו רק בכדי למשוך בעלי כישרונות לחברה שלהם דווקא, וכמובן במטרה למנוע עריקות לטובת חברה מתחרה.

לדוגמא: חברות מבזבזות הון רב על מתנות וצעצועים שונים ומשונים, כשהם נושאים את הלוגו של החברה. ישנן גם חברות המחלקות מניות של החברה לעובדיה, כשהכול "לשם שמים" - בכדי שהפועל יישא בגאווה את מותג החברה, יחוש גאוות לוחמים ורוח השתייכות, וכמובן לדאוג להצלחת החברה.

3. השקעה ברמת המקצועיות של הצוות.

4. תוכנית פנסיה קיימת בכל חברה. חוק המדינה מחייב להפריש סכום מסוים מהמשכורת עבור תוכנית פנסיה.

מחוייב המציאות שכל מוסד חינוכי יקבע חוק שכל מורה זכאי ומקבל תוכנית פנסיה מכובדת.

לדבר כמה יתרונות:

1) מוסד שמעוניין שהמורים יקדישו את חייהם לטובת המוסד מבלי לחפש בכרמים אחרים - חייב לוודא שהמורה יוכל להקדיש חייו לחינוך ילדי ישראל בלי הדאגה של "אל תשליכנו לעת זקנה".

2) נוהג זה יחזק את מעמד והתעניינות המורים במקצוע החינוך, וממילא את התמסרותם לעבודה בהתאם.

3) תוכנית פנסיה אינה בונוס או תוספת כלשהי, אלא חוק ומעשה של צדק ויושר, דאגה כנה למורה שמסר כל חייו עבור המוסד, ובגיל זקנה הוא מוכרח לסיים את תפקידו. המורה לא מעל בשליחותו, אדרבה וכו', אך הזמן עושה את שלו, והמורה אינו מסוגל להמשיך בתפקיד. מן הראוי אפוא שהמוסד ייתן לו תוכנית פנסיה שתכבד אותו בעת זקנותו לאחר ההשקעה מצד המורה במוסד.

5. הוצאות חג: חובה להתחשב גם בהוצאות מיוחדות של פסח ותשרי. שכן מניין למורה שחי על תקציב חודשי בלבד, לקחת עבור הוצאות אלו?!

6. חופשות: שכיר במשרה מלאה זכאי לקבל משכורת עבור חופשות חג, והחופש הגדול בימי הקיץ. גם כאשר מורה עוזב את בית הספר, באם עבד בבית הספר משך שנה שלימה הוא זכאי לתשלום עבור ימי החופשה והחופש הגדול.

מורים לא נשואים, ומורים שעובדים במתכונת של תשלום על בסיס שעה - אינם מקבלים ימי חופשה לימי הקיץ.

7. הוצאות מיוחדות, שמחה משפחתית, וכדומה: במקרים כאלו באם קופת המוסד מאפשרת - מוכרח שהמוסד יתחשב במצבו האישי של המורה, ויעניק הלוואה שהמורה יכול להחזיר בתשלומים נוחים.

מענקים אלו אינם בגדר הוספה, אלא התחשבות ודאגה כנה למצבו של מורה המוסר חייו ונפשו לטובת המוסד והתלמידים.

למרות זאת ברור שבמקרים אלו חייב להיות ברור שמדובר במקרה יוצא מהכלל. ואין זו חובה חוקית.

8. חופשת לידה: בבתי ספר לבנות, כמו גם אצל מורות בבית ספר לבנים - חובת המוסד לשלם משכורת רגילה עבור חופשת לידה, הכוללת ע"פ רוב מינימום של שישה שבועות שלימים, ועד לכמה חודשים (תלוי במנהג המדינה). זמן זה מיועדת ליולדת להחלים במנוחת הנפש והדעת. חופשת לידה אינה נכללת בימי מחלה שהמורה זכאי לקבל!

חופשת לידה איננה הוספה, או צעד של אדיבות, אלא חוק וחובה אנושית, וחלק בלתי נפרד מהמשכורת.

יתרון זה הינו רק למורה שיש לה חוזה קבוע ועובדת בתקן של משרה מלאה. למעט מורה במשרה חלקית.

⁕

ה. התאריך לתשלום משכורת גם היא בהתאם לחוק המדינה : 1. כל סוף שבוע. 2. פעם בשבועיים. 3. פעם בחודש.

ו. בנוסף על החיוב לשלם משכורת מכובדת, מוטלת חובה לעשות כל מאמץ אפשרי לשלם את המשכורת בזמן.

העדר תשלום משכורת בזמן כרוך בבזבוז זמן, חישוב חשבונות, וחיפוש אחר הלוואות, תשלום ריבית וקנסות, וכו' וכו'.

ברור שישנם גם זמנים של מניעות ועיכובים. אך כאשר הנהלת המוסד עושה כל מאמץ לשלם בזמן, הרי גם כאשר מחוסר ברירה ובמקרים יוצאים מהכלל הדבר מתאחר - הדבר יתקבל בהבנה מלאה. אך גם אז כמובן, חובה על המנהל להודיע למורים מתי יקבלו את המשכורת. עובדה שתקל במקצת על המורה, ותחסוך ממנו את הבושה הטבעית שיש לפועל במרדף אחר משכורתו.

מראי מקומות:

1) 'פלא יועץ' ערך מורה תינוקות. כף החיים סימן כ', סעיף יב. שנות ימין, דרשות, דרוש ג', דף סג. שיחת כ"ק אדמו"ר מליובאוויטש תשכ"ד. כ"ף מנחם אב סעיף ז'.

2) מחירים למשכורת: "עצת הרבי תנחני" (הוצאות שמי"ר. ירושלים, תשנ"ז) עמוד 10.

ערך שלישי

פיטורים

ערך שלישי
פיטורים

א. היעד רחוק, והמשימה אינה קלה. אך כאשר המנהל השואף בכל מאודו לקדם רמת המוסד מוצא עצמו לוחם בחזית בלי כלים מתאימים, צוות מקצועי ומסור, זה הופך למשימה בלתי אפשרית.

בערכים קודמים דובר על מורה שנכשל בעבודתו מחוסר ידע וניסיון בשטח, או אפי' בשוגג, והדרכים בהן יכול המנהל להעלות את רמת המקצוענות של המורה.

אך חשוב להכיר במציאות המרה - קיימים גם מקרים אחרים! תהיה הסיבה אשר תהיה - הצד השווה הוא, שבמקרים אלו דרכי הטיפול שונים לגמרי. במקרים מסוימים אף לא מופרך שיידרש לפטר את המורה:

<u>סוג ראשון:</u> מורה שאינו מתאים לתפקידו.

לכך דרגות והגדרות רבות. לדוגמא: 1. מורה שאינו מסוגל להשתלט על תלמידים ולזרוק בהם מרות. 2. גם מורה שאינו מסוגל ליצור קשר עם תלמידים אינו מתאים לתפקיד המחנך. 3. העדר שלימות בכושר ההסברה עלול לדרדר רמת הלימודים של הכיתה. ועוד ככלל: למורה חסרים הכלים הנדרשים לשמש מורה, להצליח בעבודתו, להעלות את רמת הכיתה.

כך או כך, מדובר בחסרון שבאם אחרי עבודת המנהל עם המורה, וההשתדלות להעלאת רמת המקצועיות של המורה, שיחות והתייעצויות עם חברי ההנהלה וכו', נראה שהמורה אינו מסוגל להתקדם ולהשתפר, המוצא היחידי הוא - להחליף את המורה. אכן, מצב לגמרי לא נעים. מה גם שייתכן והמורה הוא איש יקר ובעל תכונות אחרות נפלאות, אך היות שלחינוך אינו מתאים - לטובת התלמידים על המנהל מוטל לעשות חובתו.

<u>סוג שני:</u> שלב יותר נחות הוא כאשר המנהל שם לב שהמורה מועל בשליחותו בזדון לב.

<u>סוג שלישי:</u> מורה שמסוכן לתלמידים. בדרגה זו כמה אופנים: 1. התעללות פיזית: מורה שמשתמש באמצעי ענישה פיזיים. 2. התעללות מילולית: מורה שמשפיל ומדכא. במובן מסויים מדובר בנזק שהרבה יותר חמור מאשר התעללות פיזית. 3. מורה שהנהגתו האישית אינה מתאימה למחנך.

האפשרות שמורה שנכלל באחד מקטיגוריות אלו יכהן במוסד חינוכי, קיימת במספר אופנים:

1) המורה הקדים את המנהל בעבודה בביה"ס. זאת אומרת - כאשר מגיע השלב בו המנהל לוקח אחריות על ביה"ס - לפניו עובדות בשטח, לרבות העסקתו מזה זמן של המורה המדובר.

2) גם כאשר המנהל הוא זה שמינה את המורה, לאחר שעבר בדיקות, חקירות ודרישות וכו' - עקב השערה לא מדויקת, וכדומה, ייתכנו הפתעות לרוב.

ב. לצד פרטי התהליך שיפורט בהמשך - חשוב להבהיר את העקרונות ויסודות הברזל בעניין:

א) מחד, על המנהל להתנהג בצורה זהירה ביותר. לפטר מורה זהו כאמור אינו דבר נעים, מדובר בצעד גורלי ביותר בחיי אדם, משפחתו, ילדיו וכו'. תהליך שעלול לפגוע גם בנפשות, לפעמים גם לנצח. כך שהזהירות בכל צעד שרק יהיה - הינו יסוד ראשון בדרכי הטיפול.

ב) מאידך: באם לאחר נקיטת כל כללי הזהירות, על-פי השלבים שיפורטו בהמשך יידרש לפטר המורה - אין להתחשב בטובתו האישית של המורה. מה שקובע הוא בפירוש - טובת התלמידים!

ג) בנושא ישנם הרבה הלכות, כמו גם חוקים של "דינא דמלכותא דינא", דין שתוקפו במיוחד בנושא זה: ההלכה עצמה מפנה את השאלה לחוקי המדינה, ותובעת להתנהג בהתאם. אי לכך, על המנהל להיות מודע לפרטי החוקים הנהוגים במדינה, למקרה שהדבר מסתיים בבית משפט.

ד) היות שמדובר בתהליך רגיש הדורש הרבה זמן והשקעה - על המנהל לתת לתיק זה עדיפות ראשונה במעלה.

ה) על המנהל לוודא ולהודיע על כל החלטה בנדון מבעוד מועד, כדי שיהיה ברשותו וברשות המורה די זמן להתארגן בהתאם להתפתחות.

ו) כל שלב או פרט שיבואר בהמשך הערך חייב להיות בכתב:

1) על המנהל להבהיר עמדתו בצורה הברורה ביותר, ובסגנון שאינו משתמע לשתי פנים. וזה אפשרי דווקא בכתב.
2) עדות חותכות הוא יסוד היסודות בכל דבר שנוגע לדין ומשפט!

ז) מהרגע הראשון שאצל המנהל נדלקת נורה אדומה, יהיה השלב אשר רק יהיה - על המנהל לפתוח תיק מיוחד ולרשום בו יומן מפורט מכל המאורעות הגלויות לעיניו, תלונות מצד גורמים אחרים וכדומה. למען הסדר - כדאי לחלק את היומן לכמה קטגוריות. כגון: יחסים עם המנהל, שמירת הזמן, דרכי חינוך וכדומה. כל תקלה ומאורע לרשום ביומן, עם תאריך מדויק, במקום ובקטגוריה המתאימה.

ניהול היומן יעזור למנהל בכמה מישורים:

1) המנהל ערוך ומסודר עם תאריכים, שעות מדויקות, <u>עובדות בשטח</u>. גם כאשר יהיה צורך להתווכח על פרטי מאורעות - היומן יקל על המנהל להוציא את האמת לאור כאשר הוא מצויד במידע רב.

2) המנהל יוכיח כי הוא עקב בצורה עקבית ומסודרת אחר התפתחויות בנוגע למורה, ולא מצץ משהו מאצבע בשעת הדיבור, או טענות המבוססות על רגש, איבה וכדומה.

ח) חשוב ש<u>כל</u> שלב המפורט להלן יהיה בהתייעצות רב מורה הוראה, מלווה בעו"ד <u>מקצועי</u> המתמחה <u>בתחום זה</u>!

ט) כלל הברזל - "סודיות הלקוח", תקיפה ביתר שאת ועוז בנושא רגיש מעין זה!

ג. בסוג הראשון שהמנהל עבד עם המורה, מיצה את האפשרויות, אך למרבה הצער התקבלה ההחלטה שיש להעביר את המורה מתפקידו. או בסוג השני - בהצטבר חומר שלדעת המנהל המורה חצה קו אדום. ובסוג השלישי - המצב נהפך לבלתי נסבל לחלוטין. בכל אלו על המנהל להתקדם בנושא רגיש זה שלב אחרי שלב.

<u>שלב ראשון:</u>

<u>אופציה א':</u> המנהל נפגש עם המורה פנים אל פנים, ומשוחח אתו על נושאים הרשומים ביומן המנהל. על המנהל לרשום פרוטוקול מהנושאים שדוברו בפגישה. גם כאן <u>חובה</u> על המורה לחתום, לאשר קיום המפגש, הדברים שנאמרו בו, והעיקר - החלטת המורה בנידון.

<u>אופציה ב':</u> המנהל כותב מכתב ובו פירוט הבעיות וכו' שהמורה נכשל בהם. אין צורך להעתיק יומן, די בסקירה כללית ותמציתית. אך ברשות המנהל לצרף גם העתק מהיומן (תלוי באופי וסגנון היומן).

היות שמדובר בפעם ראשונה - המכתב חייב להיות מנוסח בצורה מאוד דיפלומטית וכו'. ייתכן שהמנהל טעה, ייתכן גם שלמורה לימוד זכות על עצמו וכדומה, הכול ייתכן ואפשרי. ובמקרה כזה מכתב חריף יכול להסב נזק בלתי חוזר. כך שליתר ביטחון - על המנהל לנקוט בזהירות מרבית.

על המנהל לבקש מהמורה לאשר ולחתום את קבלת המכתב, ולהחזירו למנהל <u>חתום</u>.

באם המורה מסרב לחתום - ברשות המנהל לעכב משכורת! שכן ממה נפשך - באם למורה תשובה מוחצת, זכותו המליאה לענות. ובאם לאו - הדברים רק מגבירים את החשד. כל אלה מהווים עילה מספקת לכשעצמה לדרוש את חתימת המורה.

על המנהל לשמור את חתימת המורה בתיק המורה.

<u>שלב שני:</u>

המורה נמצא תחת מעקב צמוד, יותר עקבי. על המנהל לוודא (באמצעות אחד האופנים הנמנים בערך הקודם) שאכן ישנו שיפור ושינוי ממשי בהנהגת המורה. על המנהל להמשיך לרשום יומן מפורט לטוב ולמוטב.

באם עובר זמן מה, שבוע-שבועיים (תלוי ברמת וקצב ההתקדמות) והמורה אכן משתדל להטיב דרכיו - מומלץ לרשום פתק קצר, המכיל איחולים לבביים להמשך הדרך.

באם לא נראה שינוי ממשי בהנהגת המורה - על המנהל לחזור שנית על התהליך הקודם. כאשר הפעם - המכתב (דייקא) צריך לנטות יותר לצד הגבורה מאשר לחסד. באם בפעם הראשונה - ייתכן היה למצוא לימוד זכות על המורה - אחרי מכתב, שיחה ממושכת וכו' – הרי שכעת אין כמעט בסיס להצטדק ברשלנות בזדון לב. לאידך - סוף כל סוף בילוד אישה עסקינן...

<u>שלב שלישי:</u>

באם, כעבור זמן מה, גם זה לא הועיל - אין מנוס שהמנהל יכתוב מכתב בפעם שלישית. והפעם - בלי כפפות (עד מתי על המנהל להתנהג כדיפלומט). המכתב צריך להכיל אזהרה מפורשת: באם המורה לא עושה שינוי משמעותי, בלשון עמא דבר: "סיבוב של מאה ושישים מעלות", <u>ובאופן מיידי</u> - כל האפשרויות פתוחות!

<u>שלב רביעי - החלטה סופית:</u>

על המנהל, עם חברי וועד ההנהלה, להחליט על חומרת המעשים, השלכותיו על התלמידים, שאר הצוות וכדומה:

מחד, ישנן הפרות שלמרות חומרתן - הן עדיין מאפשרות למורה להמשיך בעבודה <u>זמנית</u>.

המנהל צריך לקחת בחשבון שלפיטורי מורה באמצע שנת לימודים כמה השלכות שליליות: 1. לתלמידים קשה להתרגל למורה חדש באמצע שנת הלימודים. 2. הדבר מערער את אמון ההורים במנהל וכו'. לאידך - מורה שמועל בשליחותו עלול להרוס כיתה שלימה למשך שנים רבות! כך שייתכן שמדובר בפיקוח נפשות ממש. העיקרון הוא: על המנהל לשקול היטב האם לפטר את המורה זה בגדר 'יצא הפסדו בשכרו',

או שמא ההיפך. במקרים כאלו עדיף להסתפק בהודעה למורה, שלקראת שנת הלימודים החדשה אין לו יותר עבודה בביה"ס.

במידה והוחלט לא לחדש החוזה עם המורה - על המנהל להודיע זאת למורה מוקדם ככל האפשר. וזאת מטעמים אנושיים - על המורה חובה להביא טרף לב"ב. וע"פ רוב נדרש לזה משלשה עד שישה חודשים מינימום.

ד. ייתכנו גם מקרים בהם הנהגת המורה הופכת, לפתע (או שלא בהפתעה), להיות מסוכנת לציבור ולתלמידים, כגון הכאת תלמיד בצורה אכזרית וכדומה. ברוב המדינות במקרים אלו, החוק מחייב לפטר את המורה לאלתר (או לחלופין - לזרז את ההליכים לימים ספורים בלבד, בכדי להמעיט בנזק ככל האפשר). ישנן הנהגות בחינוך שכל בר דעת מבין שהיא מושללת בתכלית, ובאם הדבר לא מובן - הא גופא אומר הדבר דרשני! כך שבמקרים כאלו אין כל צורך בתהליך הנ"ל.

על המנהל להיות מודע לכל פרטי החוקים במקרים כאלו.

❋

ה. בכל אחד משלושת המקרים הנמנים - זכות המורה לתבוע את המנהל או את הנהלת המוסד לדין תורה. ישנם גם פיטורים שמסתיימים (בצדק, או שלא בצדק) בערכאות.

עיקר התביעה היא - "פיצויים":

לעיקרון פיצויים ישנם <u>הרבה</u> צירופים ועקרונות. במקרה של פיטורים - יש לחבר את העקרונות, העובדת בשטח ולשפוט בהתאם.

למען השלום עדיף לסגור הסכם עם המורה עצמו. אך ישנם מורים שאינם שבעים רצון מההצעה/הסכם - או אז התיק עובר לידי ביה"ד או בית המשפט.

ישנן גם תביעות של לשון הרע והוצאות דיבה, אך הם מקרים חריגים, כאשר המנהל וההנהלה באמת לא שמרו על סודיות. כך או כך, חובת ההוכחה מוטלת על התובע. ובמקרה שהמנהל בטוח בצדקתו - כל המוטל עליו הוא לבקש הוכחות, ואת החקירה הצולבת להשאיר לידי עו"ד (ולא לטפל בזה בעצמו!).

ו. לפנינו דוגמאות אחדות מתביעות אופציונליות:

א) המורה שאיבד מקור פרנסה תובע שיתנו לו משכורת עד שימצא מקור פרנסה חדשה, או לזמן מוגבל שיכול להספיק בכדי למצוא מקור הסתדרות. ע"פ רוב מדובר בין שלשה לשישה חודשים, תלוי בתנאי השוק והתקופה.

ב) תביעה יותר חמורה היא כשפיטרו את המורה באמצע שנת הלימודים, או קרוב מדי לתחילת שנת לימודים חדשה, שהאפשרות למצוא מקור פרנסה עבור שנת הלימודים החדשה קלושה מאוד. מקרה זה עלול לחייב את המוסד לשלם פיצויים לשנת לימודים שלמה.

על הנתבע/המוסד, להשיב:

טיעון ראשון: כאשר לא היתה כל אפשרות להודיע למורה מוקדם, בערך מתקופת פסח. כגון: כאשר המנהל התחיל תפקידו אחרי פסח, עבודת המורה לא היתה משביעת רצון, המנהל השתדל לעבוד עם המורה, בינתיים עבר זמן, המנהל לא הצליח להעלות את המורה על דרך המלך והמנהל נאלץ לפטר את המורה, ובין לבין, התאריך שהגיע הוא חודשים סיון/תמוז, זמן קרוב לתחילת שנת הלימודים החדשה.

יתכן שהמורה יתקשה למצוא מקור פרנסה במוסד אחר, אם בכלל. טענת המנהל היא: המנהל לא יכול לפטר אותו בתקופת ניסן, שהרי רק זה עתה נכנס לתפקיד, כך שמן הראוי היה לטובת המורה להשתדל לעבוד איתו. בפועל המנהל לא הצליח. טענת המורה מסתפקת בעובדות - הוא נשאר בלי מקור פרנסה. ההחלטה תלויה בעיקר באם המורה צודק, או שהמנהל פיטר את המורה בעקבות סיבה מוצדקת.

טיעון שני: במקרה שהוראה איננה המקצוע היחיד של המורה, הטענה שאין לו אפשרות למצוא משרה בזמן כה קרוב להתחלת שנת הלימודים - אינה רלוונטית, כאשר הוא יכול להתעניין במקצוע אחר.

טיעון שלישי: באם המורה מצא לעצמו מקום פרנסה חדש, מן הראוי שהמוסד לא יצטרך לשלם לו פיצויים.

טיעון רביעי: באם עברה תקופה של 6 חדשים והמורה עדיין לא מצא מקור פרנסה. לכאורה אין זו אשמת ההנהלה. חיפוש מקום לפרנסה יכול רח"ל לקחת זמן רב. השיקול לשלשה או שישה חודשים אינו אלא השערה במקרה ממוצע, וההחלטה היא בהתאם.

ג) סוג תביעה נוסף: המורה טוען שנגרם לו נזק תדמיתי עקב העובדה שפיטרו אותו, ומשכך הוא יתקשה לקבל תפקיד בתחום החינוך.

על המוסד לטעון: באם המורה פוטר מסיבה מוצדקת - הדין מחייב שאולי באמת לא יעבוד בחינוך. ובאם המורה פוטר ללא סיבה מספקת - ייתכן שעל המוסד לשלם סכום מאוד נכבד! יצויין כי חוקי המדינה דורשים לשלם סכום מאוד גבוה עבור פיטורים לא מוצדקים.

ז. קביעת הדין היא ע"פ רוב עם עדים והוכחות:

על המנהל לפתוח תיק הכולל:

1) דו"ח מעקב מורה שנפתח במיוחד לצורך זה.

2) פרוטוקולים מאסיפות עם המורה, לרבות חתימות המורה וכו'.

3) מכתבים מהנהל אל המורה, ותגובות המורה למכתבים אלו.

4) אוגדן המורה הכולל בעיקר דו"ח לימודים (דפים שיכולים להוכיח אם המורה התקדם בהתאם למצופה ממנו).

5) דו"ח מעקב הוראה יכול להעיד מה היתה רמת המקצועיות של המורה.

6) עדויות מתלמידים (שבמקרים אלו הם קו מכריע ביותר).

7) מכתבים ותלונות מהורים.

ככלל: על המנהל להצטייד בחומר ככל האפשר, כל הוכחה שיכולה להעיד על צדקת דרכו, יש לתייק ולשמור ליום הדין.

ח. מורה שמועל בשליחותו בזדון לב, לכאורה על המוסד לטעון שאינו רשאי לשום תוכנית פיצויים. אך גם זה תלוי בהחלטת בית הדין או בית המשפט.

שער שישי

המוסד וההורים

ערך ראשון

המנהל וההורים

ערך ראשון
המנהל וההורים

נושא יחסי צוות-הורים תופס מקום נכבד בהעלאת רמת המוסד וחינוך התלמידים. הרכבתו אינו נדבך חשוב בתור מסגרת כללית, אלא מישור הפועל ישירות על עיצוב דמותו של הילד, לטוב או למוטב.

נראה שחשיבותו המרובה, ותוצאות מפליגות לכת לטוב ולמוטב - מהוות עילה מספקת לכך שהנושא לא מקבל את מלוא תשומת הלב הראויה לו, או שלחלופין אף יהיה מוזנח לגמרי.

להזנחה זו כמה אמתלאות: 1. עוד משימה בלוח עבודה. 2. ייאוש ללחום בחזית נוספת. 3. טענת המנהל "למה אני חייב לעבוד עם הורה שאינו מסוגל להבין לבד?".

ההזנחה רק מגבירה את הצורך לפעול במלוא המרץ הנדרש. נקדיש אפוא לנושא שער, ללמדנו - יוקר העניין ונחיצותו.

א. כל בי"ס מורכב מהרבה סוגי הורים. ככלל קבעו חז"ל - "אין דעותיהם שוות". כשמדובר בבי"ס - הדבר בולט שבעתיים. בכללות הם נחלקים לכמה סוגים (בכל סוג עצמו - ישנו הרכב של הרבה סוגים שתלויים ועומדים בין אחד למשנהו. בפרט מסוים הם מסוג א' לדוגמא, כאשר במישורים אחרים הם נכללים בסוג ד'. אך אלו הם חלוקה והגדרה כללית):

<u>סוג א'</u>: הורים שחינוך ילדיהם הוא משאת נפשם וחיותם. שיתוף הפעולה עם הצוות הוא להפליא. אין כל צורך לדחוף אותם, באשר הם אלו שממריצים את הצוות לתוצאות והישגים עם ילדיהם.

<u>סוג ב'</u>: הורים שמונחים ואיכפת להם מחינוך ילדיהם. אך לפועל אינם עושים כפי יכולתם עבור חינוך ילדיהם, או שהגישה שלהם לחינוך לא נכונה. מאידך, כאשר אחרים פועלים הם שבעי רצון, עוזרים וכדומה. ולמותר לומר שאינם מפריעים.

למרות הגישה החיובית של הורים אלו - ישנן בעיות טבעיות שנערמות להורים כאלו:

1. <u>היעדר מעורבות</u>: גם הורים שמעוניינים בכל מאודם בחינוך הילדים, אינם נמצאים בין כותלי ביה"ס שם מבלה הילד את רוב השעות העיקריות והחשובות בחייו. הידיעות שזורמות אל ההורים הן מינימאליות, ע"פ רוב ממקור שני ושלישי, או מעדויות הילדים. עובדה זו יוצרת מחיצה פסיכולוגית בין ההורים להתעסקותם בחינוך הילד.

2. <u>היעדר ידיעה מקצועית</u> בחינוך בכלל, ובילדיהם במיוחד. הבורות של מגזר נכבד מההורים בכללי ויסודות החינוך זועק לשמים, גם כאשר מדובר בדברים פשוטים ובסיסים ביותר.

[לצד אלו מתווספים עוד שתי בעיות שאין להן פתרון:

3. הורים לעולם נשארים הורים - החשודים בגילוי אהבה יתירה כלפי ילדיהם. תופעה חיובית כשלעצמה כל עוד היא מנוצלת באפיקים הנכונים.

4. הורים עסוקים וטרודים מעל הראש בטרדת הפרנסה וניהול הבית, שאינו משאיר רגע פנוי למחשבה אודות שלום הילד! והתעסקות אמיתית ופנימית בחינוך הילד - מאן דכר שמיה!].

ב. הפתרון הוא אפוא לפעול בשני קווים אלו: 1. לערב את ההורים בחינוך ילדיהם. 2. להעשיר את רמת המקצועיות של ההורים בנושא החינוך.

לפנינו שורה של הצעות היכולות להביא לידי שיפור מהותי בתחומים אלו. רעיונות שכל אחד לחוד אינו יכול להביא למהפך של ממש. והרי בכל תחום בחיים יש לבחון כמה דרכים עד שהמובחרת ביניהן פועלת את פעולתה. במיוחד במישור זה, כל שיטה ורעיון אכן פועלים פעולתם, אך היות שמדובר בהורים רבים - אין וודאות שרעיון אחד יעזור לכולם. כך שעל המנהל לפעול בכל הדרכים והמישורים. פעולה אחת תפעל פעולתה על קבוצה של הורים אחת, כאשר על קבוצה שניה תשפיע פעולה אחרת:

א) <u>מפגש הורים:</u> לפני תחילת שנת הלימודים החדשה - כדאי שהמנהל יארגן ערב הורים מיוחד.

בתוכנית: 1. המנהל יציג להורים את תוכניות המוסד לקראת שנת לימודים החדשה. 2. להורים תינתן הזדמנות לבקש, להציע וכו'.

היתרון הוא: 1. ההורים יהיו מעורבים בנעשה בחינוך ילדיהם. 2. ההורים ילמדו פרק בחינוך.

ב) <u>מפגש הורים כיתתי:</u> מתכונות דומה היא ארגון אסיפה פרטית בין מורה הכיתה וההורים. בהרבה בתי-ספר הדבר אינו קל לביצוע (לדוגמא: מה יעשה הורה שיש לו יותר מתלמיד אחד, לאיזה מחנך יכנס? הפתרון הוא שכל מחנך יארגן בערב אחר קרוב לתחילת שנת הלימודים). אך התוצאות מצדיקות את המאמץ.

גם למפגש מסוג זה היתרונות המנויים קודם.

ג) <u>עדכון הורים</u> בכל הזדמנות. גם כאשר מדובר בקנס או פרס צנוע וכדומה - חשוב לשלוח פתק קצר, בצירוף תוספת הסברה.

ד) כאשר המנהל, המחנך וכו' מתחיל במבצע חדש, רצוי לעדכן את ההורים בפרטי המבצע. וזאת גם במקרה שאין המנהל זקוק לשום עזרה מההורים.

ה) <u>הנחיית הורים:</u> מעין קורס חינוכי מזורז.

אופיו של הערב יכול להיות בכמה אופנים: 1. בתור סעודת מלווה מלכה. היתרון הוא: גדולה לגימה שמקרבת. וכאשר מגישים סעודה ערוכה - ישנם יותר סיכויים שההורים ישתתפו. 2. ערב עם כיבוד קל, על כוס תה וכדומה.

התוכן והתוכנית: 1. הרצאה ממחנך מומחה. 2. סדנה לשאלות ותשובות.

ארגון ערב הנחיית הורים כשלש פעמים בשנה יכול לפעול שינוי ממשי בגישת ההורים לחינוך ילדיהם (על מנת לא לאבד מחשיבות הערב - אין להפריז יתר על המידה).

באם הדבר מתאפשר - נכון שהמנהל יתקשר אישית להורים, לפחות לאלו שהשתתפותם מוטלת בספק.

ו) <u>עיתון להורים:</u> בהרבה בתי ספר נהוג שמוציאים עיתון חדשות מטעם ביה"ס. מטרת העיתון היא בעיקר ליחסי ציבור, פרסומת וכדומה. מן הראוי לנצל הזדמנות פז זו לוודא שהעיתון יהיה מורכב בעיקרו מתוכן אמיתי חינוכי ומשמעותי:

1) מאמרים חינוכיים.

2) מדור שאלות ותשובות.

3) מדור "ניסיון אישי" - הורים מספרים חוויות אישיות בחינוך ילדיהם וכו'.

4) מדור להערות ומכתבים.

5) מהדורות נוספות שיכולים להנפיק תועלת מרובה: פירסום פרוייקטים ומבצעים שנעשו במסגרת ביה"ס.

6) תודה להורים שעזרו וכו'.

החדרת נושאים ורעיונות חינוכיים היא דבר שבמשך הזמן יכולה לפעול גדולות ונצורות. כוח ההשפעה של כלי תקשורת בימינו - הינו מדהים ומעורר השתאות!

רעיונות אלו למרות שהם דברים מוכרחים וכוח השפעתם הוא להפליא - יש בכל אלו חסרון במידה ניכרת: ההשפעה מגיעה אל הכלל, מבלי שנהיה בטוח שהכדור הגיע אל יעדו. מי אומר שההורה שאליו היה מיועד המאמר הספיק לקרוא את המאמר, או לשמוע את ההרצאה וכדומה. גם אם כן קרא את המאמר - יתכן שהדברים לא הובנו בצורה נכונה וכו'.

כך שבנוסף לרעיונות אלו - על המנהל להשתדל גם במישורים אחרים:

ז) שיחות אקראיות: על המנהל לנצל כל פגישה או שיחת טלפון עם ההורה להחדיר ערכים חינוכיים. לדבר, לעורר, לייעץ ולדחוף. המסר החינוכי חייב להיות מובן וברור, בצורה שאיננה משתמע לשני פנים.

ח) שיחות יזומה: במידת הצורך חובת המנהל להתקשר להורה מיוזמתו האישית, ע"מ לדווח, להציע, לתבוע, לחנך ולהדריך.

היתרון בשיחת טלפון מסוג זה הוא: 1. התעוררות להתמסרות לחינוך. 2. חינוך והדרכה.

ט) ביקורי בית: למרות שאין זה מעיקר תפקידו של המנהל - הרי שבעת הצורך ובמקרים מיוחדים, נכון גם לערוך ביקורי בית. לדבר אישית עם ההורים ולהסביר אודות הדרוש הסברה והבהרה.

י) פגישה יסודית: כשהמנהל או מי מהצוות, מרגישים שישנה בעיה עם ילד, וההורים אינם עושים את המוטל עליהם - על המנהל להזמין את ההורים לאסיפה רשמית, פנים אל פנים. פגישה זו היא 'הדרכה חינוכית' אליה המנהל צריך לשאוף להגיע. חובת המנהל לשים את כל הקלפים על השולחן בצורה ברורה (ובעת הצורך – אף בצורה נוקבת).

דווקא בצורה כזו הדואר מגיע היישר ליעדו!

❋

ג. רעיונות אלו מועילים להורים שנכללים בסוג א' וב'.

ישנם גם כאלה סוג ג' - הורים אדישים: 'הן' ו'לאו' שווים אצלם. אחת בשנה באים לערב הורים מטעמי נימוס. ישנם שגם את המעט הזה הם לא מפרגנים. וכל עוד שהילדים לא בוכים - שלום עלי ועל נפשי.

עם הורים כאלה הבעיה היא הרבה יותר עמוקה מאשר סתם העדר ידיעה ומעורבות. אלו נכללים יותר בכלל של 'יודעים את ריבונם...' להורים מסוג זה אין כל צורך בעידוד, באשר הם יודעים את המוטל עליהם. כלומר: הפעולות הנ"ל נחוצות גם כאן, אך אלו מועילות אך ורק כאשר המנהל משתמש עם הנשק המיוחד - לתבוע מההורים לקיים את חלקם בשותפות. בסגנון ההמלצה: מדובר ב"בן החמישי"

שכלל לא הגיע עדיין אל שולחן הסדר. כאשר העבודה היא לקרבו ולהביא לידי כך שיבוא לשולחן הסדר ולהכלילו עם ארבעה בנים.

❋

ד. סוג ד': הורים שמטעם הידוע ליוצרם, ואולי רואים בכך שליחות, אוהבים להציק למחנכים של ילדיהם על כל צעד ושעל. לגבם כללי הנימוס וההיגיון שקיים בין מחנך והורה אינם תופסים מקום לעומת הזהיר טפי של שליחותם. למרבית הפלא - ע"פ רוב, הורים אלו מציקים למורה דווקא כאשר המחנך מתמסר לחינוך הילד. מעין אמירת תודה.

סוג ה': הורים שלא מסתפקים בכך, משאת נפשם הוא לחתור וללחום עם המורים, המנהל וההנהלה, ולעורר מחלוקת בקהילה.

בעיות אלו צצות דווקא מאחורי גבו של המנהל, ע"פ רוב בצורה לא מרוכזת. אך החוב הולך ומצטבר, ופרוטה לפרוטה מצטרפת. הנשים נפגשים בעזרת נשים או בחוג ערב, הגברים במקווה וכן על זה הדרך. שם כ"א פורק את ניסיונו המר עם אחד מאנשי הצוות. בדיקה יסודית (האם התמונה אכן עכורה. או שמדובר במקרים בודדים, או בסתם מילה ומשפט פה שם) - אף אחד לא עושה. הדבר אינו שייך אפילו לדידם. כל הורה מרגיש שהוא שופט כל הארץ. שיחות אלו עלולות להתרכז ככוח נגדי נגד המנהל או המוסד ככלל. וכשמטען מתפוצץ - עלול להיות מאוחר מדי.

ה. נושא זה דורש בירור וליבון באשר מדובר בנושא רגיש, שחללים רבים הפילה, והרבה קהילות בישראל נחרבו עד היסוד בגלל המחלוקת.

מחד ישנו הכלל הקובע שמכל מלמדי השכלתי. סוף כל סוף, אדם הוא ילוד אישה, כך שטעות במעשיו היא שכיחה. דווקא משום כך, אוזני המנהל וההנהלה צריכות להיות כרויות וקשובות לביקורת. יתירה מזו: לחיזוק הקשרים עם ההורים נחוץ ביותר שכל הורה ידע בצורה שאינה משאיר מקום לספק, שאוזן המנהל קשובה לכל טענה וביקורת מכל סוג שרק יהיה. כך שעל מנהל להקשיב לכל הורה גם אם בידי המנהל נשארת הסמכות וההחלטה הסופית.

המושג הקשבה כולל: 1. הקשבה מתוך תשומת לב ראויה. 2. הקשבה שמתובלת בדו-שיח, דברי הסברה, וכו'. 3. יחס של כבוד והבנה.

מאידך, ההגיון הישר מחייב שלכל מוסד ישנו מנהיג. אם זו ההנהלה בתחום אחריותה וסמכותה, או המנהל תחת אחריותו וסמכויותיו, כך או כך - "יש בעה"ב לבירה" הוא יסוד מוצק, ולא יעלה על הדעת שכל הורה ימשוך את החבל כאוות נפשו. היום הורה מחליט שטובת המוסד הוא כך וכך, ומחר יבואו קבוצת הורים ויחליטו בדיוק ההיפך! אין בכך גם כל שמץ של גאווה, אלא מטבע שהטביע הקב"ה בעולמו, וכן היא דעת תורה הברורה והנחרצת! כלל זה חייב להיות ברור ומקובל לכל הורה ששולח את ילדיו למוסד.

עובדה בשטח שהוכיחה את עצמה בצורה מעוררת השתאות והתפעלות, ההיפך מהנהוג בעלמא דשיקרא: מנהל שהיו לו יחסי כבוד הדדיים ודלתו היתה פתוחה לכל, ובאותה שעה גם עמד איתן נגד בעלי מחלוקת וכו' - סוף פסוק היה – שהעניין תמיד הסתיים ברגש של כבוד, עזרה וסיוע, עד שגם אויבים מושבעים נהפכו לידידים מעריצים! הדבר אומר דרשני.

ההיפך, מנהל שצף כקליפת השום יחד עם הזרם, היום לכאן ומחר לשם - נשאר קירח מכאן ומכאן. לא עמד על עקרונות, כבוד גם לא קיבל - מי מחלק כבוד לאדם שאין לו דעה משלו? המוסד לא יכול להתקדם בתלם הנכון שהרי לא הרשו לו. אז מה נשאר?

לפועל:

על המנהל להסביר להורים עמדת המוסד והמוסבר לעיל. אם ההורה מוכן להשתכנע, לעזור, לשתף פעולה - מה טוב. ובאם לא - על המנהל לעמוד על עקרונות וטובת המוסד - חינוך התלמידים.

במקרים מסוימים אין מנוס שהנהלת המוסד (דייקא - כל חברי ההנהלה חייבים לתת גיבוי אחד לשני) תנקוט בצעדים דרסטיים. הורה שמעורר מחלוקת ומעשים שאין מקורם בדת ישראל, חייב לקבל אזהרה בכתב, שסוף סוף הדלת פתוחה בשני הכיוונים.

להזמין הורים לדין תורה, זה אינו מופרך במקרים מסוימים. אין להנהלה לשקול שיקולים של הפחדות ואיומים, אלא לקיים את הנאמר "לא תגורו מפני איש", ולעשות מה שטובת המוסד הכלל והיחיד דורשים.

ו. חשוב להבהיר: ישנם סוג הורים שהיעדר עזרה, מחלוקת תמידית וכדומה - נובעים מהיעדר אמון במוסד. במיוחד כאשר למוסד יש רקע של עבר לא נעים (במקרה הטוב). וזאת, למרות שכאשר מדובר במנהל חדש ואין זה אשמתו. במקרים אלו אין מנוס אלא להתאזר במנה גדושה של זמן וסבלנות גם יחד.

חשוב גם להבין המניע של הורים שניכוו עם ניסיונות ומקרים לא נעימים. הורים לא אוהבים לקחת סיכונים מיותרים. ואלו מבטאים את היעדר האמון במוסד בדרכים משלהם (טענות, מריבות וכו'). אין זה אומר שעל המנהל לוותר. כל מה שנדרש הוא תשומת לב ראויה, הבנה, הסברה מיוחדת וכדומה. וכבר הובטחנו "דברים היוצאים מן הלב נכנסים אל הלב, ופועלים פעולתם". בסופו של דבר ההורים יתחילו שוב לתת אמונם במוסד.

❋

ז. לדאבון הלב, ולמרבית הצער והבושה קיימת גם בעיה הפוכה:

מוסדות חינוך "על טהרת הקודש", שהמוסד והעומדים בראשו מורכבים מאנשים מושחתים. מוסדות שאצלם כסף יענה את הכול. ואלו שאין האגורה מצויה בכיסם - אין להם אפי' זכות קיום, ובטח שלא מקבלים שום תשומת לב. הורים מפחדים לתבוע זכויות שמגיעות לבנם בצדק וביושר. או במקרה שהילד נקלע למריבה עם ילד שבא מ'נזר המלוכה', לא בא בחשבון שיענשו את ה"ילד טוב ירושלים"... שהרי מה יאמר הגביר שתורם הון תועפות לקיום המוסד... הרי המוסד עלול לסבול מכך... בשורה התחתונה: חינוך הראוי לשמו - לא בא בחשבון.

הורים כאלו כאשר יפנו למנהל או להנהלה - הצדק לא יצא לאור. המענה היחידה להם יזכו הוא איום שאם לא ירדו מהעניין יתנקמו בילדם. במילים אחרות: הגישה המוצדקת הנ"ל יכולה להוות כיסוי לשחיתות ממדרגה ראשונה!

ואשר ע"כ חשוב לדעת שעם כל הזכויות של ההנהלה, ישנם להורים זכות אחת שגוברת על הווטו של ההנהלה - תביעה לדין תורה!

אך לזה קיימים כמה מגבלות:

1) לרב פונים רק לבעיות כלליות, ו/או בעיות חוזרות ונשנות.

2) על ההורים לכל לראש לנסות למצות את כל האופציות עם המנהל וההנהלה. ורק במקרה שמיצו את הדין, וההנהלה אינו מוכנה לשמוע וכו' - אז פונים לרב.

3) הדברים חייבים להיות בכתב, כתובים וחתומים.

4) מניעת הדלפות לכל גורם זר מלבד המנהל, ההנהלה והרב.

ראה לעיל שער שני – 'הנהלה'.

ערך שני

הצוות וההורים

ערך שני
הצוות וההורים

א. השקעת המנהל ביחסי צוות-הורים הרבה יותר מסובכת מאשר טיפוח יחסי המנהל עצמו עם ההורים. אך מנהל שמשקיע בטיפוח יחסי מנהל-הורים, בשעה שצוות שאינו מיומן עלול, במתכוון או שלא במתכוון, לקלקל את היחסים והאמון, מבזבז את זמנו ומרצו להבל ולריק. המנהל עם הצוות הינם צוות אחד, במיוחד כלפי חוץ. זאת ועוד, ההורה בצדק יטען שגם אם הדבר אינו בהכרח מצביע על חסרון במנהל - למה המנהל בוחר בצוות שאינו יודע בטיב יחסי צוות–הורים? והטענה צודקת. קשרים שליליים בין הצוות וההורים, עלולים להעכיר את שם המוסד מבלי שהמנהל יהיה מודע לכך.

אי לכך, חובת המנהל לשים דגש מיוחד על הנושא, ולעקוב <u>כל הזמן</u> אחר הקורה בשטח. בעיקר בתחילת השנה, או כאשר לוקחים מורה חדש. המשימה איננה קלה, אך אין מנוס אלא להשקיע גם בתחום הזה. ככל דבר בחינוך, עיקר הדגש חייב להיות על זריעת גרעינים טובים ובריאים, עושי פירות, ולו רק בכדי למנוע גידול לא רצוי. מנהל שמדריך את הצוות לבנות יחסים בריאים, להתייחס להורה בצורה מקצועית - יחסוך הרבה שעות עבודה של ניקיון לכלוך.

ב. עבודה זו מתחלקת לכמה מישורים:

1. הדרכה מקצועית לצוות.
2. ארגון פגישות בין צוות להורים.
3. תיווך בין הצוות וההורים.

❊

ג. <u>מישור ראשון - הדרכת מקצועית לצוות:</u>

העקרונות:

1. יחסים בין ההורים והצוות אינם יכולים להתפתח כאשר הם בנויים אך ורק כיחסים בין אנ"ש, חברים לשכונה או לעדה. אלו פוגעים לא רק ברמת המקצועית של המחנך, אלא גם ביחסים הטובים שקיימים בלאו הכי מעובדת היותם שכנים או עדה אחת. חייבים לשמור על כבוד עצמי ואתיקה מקצועית, לא רק כדי לא לפגוע בחינוך הילדים, אלא גם כדי לא לקלקל את היחסים הטובים כמשפחה. משפחה לחוד ועסקים לחוד ואין לערבב ביניהם.

2. הסברה והדרכה מקצועית כיצד לדבר עם הורים: מה אומרים? מה נכלל בכלל "כשם שמותר לומר הנשמע, כן אסור לומר דבר שאינו נשמע"? מה הורים מסוגלים לשמוע, ומה בגדר "על כל פשעים תכסה אהבה"? שהגישה אליהם צריך להיות בצורה דיפלומטית. וכהנה רבות.

3. בניית אמון וביטחון עצמי של ההורים כלפי הצוות. בכדי שההורים יסמכו על המחנך במאה אחוזים גם כאשר המחנך טעה ככל בר אנוש .

❊

ד. <u>מישור שני - ארגון פגישות צוות – הורים.</u>

קשרי צוות-הורים מתחזקים בעיקר ע"י פגישות "פנים אל פנים" עם הצוות. במעגל השנה ישנן הרבה הזדמנויות לכך. לכל סוג פגישה יתרון על חברו. תלוי בתנאי הזמן והמקום. כך או כך, חובת המוסד לבחור המסגרת המתאימה ביותר לשיפור וחיזוק היחסים בין הצוות.

❋

ה. אחד מהצירים העיקרים ביחסי צוות - הורים היא ערב הורים.

ערב הורים מהסגנון המקובל ברוב מוסדות החינוך תופס מקום נכבד בהשקעת המוסד ובקירוב הלבבות בין הגורמים הרלוונטיים בחינוך הילד.

לערב זו כמה יתרונות:

1. הם מאורגנים לערב קבוע. חוק בל יעבור.

2. הדבר מחייב גם הורים שגרים מחוץ לעיר.

3. רוב ההורים משתדלים להשתתף באסיפות אלו. כך שגם הורה לתלמיד ממוצע יקבל את המגיע לו. למרות שאין ערבות שההורה יגיע, ערב זה הינו המסגרת הראויה לכך.

4. להורים תינתן הזדמנות לראות את שטח ביה"ס על כל מעלותיו החיוביות. הורה יכול ללמוד הרבה מסידור טוב של ביה"ס, ולהתרשם לטוב מביקור בין כותלי ביה"ס. במקרים מסוימים, האווירה הנעימה של בית ספר מסודר ונעים תגרום לבניית יחסי אמון של ההורה בביה"ס ככלל, ובנושאים חינוכיים ממדרגה ראשונה במיוחד. ואילו בעבור זה בלבד - דיינו.

מאידך, לערב זו כמה חסרונות משמעותיים ומהותיים:

1. הוא מהווה תעודת הכשר ע"כ שבשאר ימות השנה אין צורך להיפגש. הורים רבים מסתפקים בביקור חטף במוסד אחת בשנה. ובין ערב הורים לשני לא שומעים מהם.

2. הורים ומורים יסתפקו בערבים אלו, מבלי לעשות מאמץ להגיע לפגישות מהסוג שיוסבר בהמשך, שהינם בעצם הפתרון האמיתי והיסודי.

3. הזמן שעומד לרשות ההורה, כאשר בחוץ עומד תור ארוך של ממתינים (רובם ממהרים להיפגש עם המורים של כל ילדיהם, קודש וחול) - מוגבל לזמן קצר ביותר. לפעמים מדובר בדקות ספורות בלבד. מה ניתן כבר לדבר בכמה דקות בנושא שעומד ברומו של עולם, ומורכב מאין כמוהו? - אין ואפס!

ולמרות זאת, נראה שערב זו נשרש עמוק עמוק בתוך המערכת החינוכית, והתופעה תימשך. כך שצעד חכם ונבון יהיה לתכנן היאך להפיק את מירב התועלת מפגישה זו, וכיצד להתכונן לזה.

ו.

1. הזמן המתאים לערב הורים:

ערב הורים יש לארגן מינימום פעמיים בשנה:

<u>הפעם הראשונה- חודש כסלו:</u> ההיגיון בדבר: ברוב מוסדות חינוך מתחילים ללמוד רק בחודש אלול. ברוב השנים - בשלהי חודש אלול (תלוי לפי הלוח הלועזי). המורה רק מתחיל לגשש את דרכו בבחינת "כל

ההתחלות קשות", והנה חודש תשרי "המרובה במועדים" בשער עם לוח זמנים מקוטע. חודש חשוון הוא החודש הראשון הרגיל והרציף. ועל המחנך להכיר לכל לראש את התלמיד בהכרה מקיפה וקצת יסודית, לפני שהוא יכול להביע דעה להורה לכאן או לכאן. אי לכך, חודש כסלו הינה ההזדמנות הראשונה לקיום ערב הורים.

<u>הפעם השניה - תקופת פסח:</u> הזמן המוקדם לערב הורים שני הוא מיד לאחר הפסח (עקרונית, אחר חג הפורים. אך אין הזמן גרמא לכך). התועלת בפגישה זו היא כפולה. לסכם את ההצלחות והכישלונות מאז הפגישה הקודמת. והעיקר - לתכן ולתאם את דרכי הפעולה לחודשיים-שלושה הבאים. הדבר בתוקף במיוחד באה"ק ומדינות אירופה, בהם התלמיד נמצא בין כותלי ביה"ס 3 חודשים תמימים לאחר חג הפסח! כך שע"מ לתת לזמן מירב התועלת ושההורים ירגישו בכך (כלומר: שלא יסתובבו עם ההרגשה "זה בין כה וכה סיום שנת הלימודים") - ערב הורים מיד אחרי חג הפסח תפיק תועלת גדולה וממשית (ואפילו אם מקיימים פגישות אלו ולו רק בכדי לתת חיזוק מוראלי להורים (ולמורים) כדי לנצל את הזמן הנותר כראוי - דיינו!).

עקרונית, יש לקיים ערב הורים שלישי לקראת סיום שנת הלימודים, שיהיה מעין סיכום על הצלחות וכישלונות השנה, או מאז הפגישה הקודמת. אך הקושי להשיג השתתפות ההורים (ביודעם שבין כה וכה נמצאים בסוף השנה) - מטילה בספק את שווי ההשקעה.

לסיום, חייבים להבהיר שסידור זה הוא בניגוד לדעת טועים שמסתפקים בערב הורים אחת בשנה, ע"פ רוב בחודש כסלו. מה התועלת בפגישה אחת ויחידה? מה קורה אחרי הפגישות עד לפגישה הבאה של שנת הלימודים הבאה? כמעט מאומה!

2. התאריך המדויק של ערב ההורים חייב להיות רשום בלוח החופשות שההורים מקבלים בתחילת השנה. הדבר ימנע מלתת אמתלה להורים לקבוע פגישות או חגיגות אחרות.

3. למרות קביעת התאריך, הורים רבים אינם רושמים התאריך בלוח השנה, וגם השכחה מצויה. אי לכך, שבוע או שבועיים מראש, יש לשלוח מכתב תזכורת אודות המפגש הצפוי.

4. לתועלת המורים וההורים, יש לקבוע מראש מיקומו של כל מורה, באיזו כיתה או אולם הוא ישב. העתק רשימה זו יש לצרף למכתב תזכורת הנ"ל. כך כשההורים יגיעו למפגש, לא יצטרכו לבזבז זמנם בחיפושים מיותרים.

5. דו"ח תלמיד - תעודת תלמיד:

בשער שביעי (ועוד) יוסבר על הצורך במעקב אישי, יסודי ומקצועי אחר כל תלמיד. מהדרכים היעילות ביותר הינן - עריכת דו"ח מפורט מקצועי על כל תלמיד. עריכת דו"ח זה זמנו לפני ערב הורים כמובן.

דו"ח זה ישמש כחומר ואינפורמציה שהמורה ימסור להורים: על המורה לתמצת ולסכם את הדו"ח הנ"ל בטופס נוסף בסגנון מתאים וראוי להורים. לא כל האמת שנכתבת ניתן למסור להורים. פעמים רבות יש להלביש את החומר בסגנון המתאים. טופס סיכום זה יימסר להורים, ויהווה את תעודת התלמיד הרשמית שהתלמיד וההורים מקבלים.

חובת המנהל לעיין בכל הדו"ח, לתקן הדורש תיקון, להוסיף ולאשר, לצלם הדו"ח, להחזיר למורה את ההעתק, ואת הדו"ח המקורי להשאיר בארכיון המוסד.

בפגישות עם ההורים על המורה לשבת כאשר לפניו מונח תיק עם דו"חות.

לסידור זה כמה יתרונות עקרוניים:

1) לכל דבר חייב להיות זמן קבוע. ואם לא עכשיו כשמדברים ומעריכים מצב התלמיד - אין זמן יותר נאה לזה.

2) כתיבת הדו"ח עצמו מחייבת.

3) כאשר מורה יושב לפני הורה ולפניו דו"ח ערוך מסודר ורשמי - הרושם שמתקבל הוא: המורה קובע עובדות, והערכת המצב היא מתוך יישוב הדעת, עיון ומחשבה., והוא איננו ממציא ושולף מהשרוול בהתאם לחיוך ההורים, או מצב הרוח.

6. ניקיון וסדר הוא דבר טוב בעתו בכל ימות השנה, אך ישנם זמנים שמקפידים עליהם "קצת" יותר.

מאידך, להקפדה יתירה על ניקיון דווקא לפני ערב הורים יש כמה השלכות חינוכיות שליליות: 1) המורים מקבלים היתר 'לחפף' בשאר ימות השנה. 2). התלמידים יקבלו מסר שמרמים את ההורים ויחשבו לעצמם: "הרי אף פעם לא מקפידים כאן על ניקיון, אך בכדי להתחנף להורים מקפידים פתאום על כל שטות". הדבר מוריד מהערך והכבוד העצמי של הצוות. אי לכך, דרך הממוצע היא לנקות את הבניין לקראת הפגישה מבלי להבליט את הדבר.

7. לערב הורים יש להגיש כיבוד קל להורים שנאלצים לחכות בתור. ההורים יתרשמו לטובה מהעובדה שחשבו להקל עליהם. "גדולה לגימה שמקרבת" - והדבר מועיל גם לקירוב הלבבות ויצירת אווירה נעימה.

8. ישנם מוסדות שברשותם ווידיאו מהמוסד והתלמידים. זמן המפגש מתאים להקרין את הסרט באם ישנו. למרות שסרט אינו נותן תמונה על מה שקורה בשטח, ואפי' תמונה מקיפה גם לא (וההשקעה בזה אינה יכולה לבוא על חשבון חינוך האמיתי), אך כשהפנימיות והחינוך עטה"ק שולטים במוסד, רצוי שההורים יקבלו תמונה חיה מהתלמידים.

פרוייקט דומה - מסגרת קישוט עם תמונות מחיי יום-יום בביה"ס.

9. תפקיד המנהל בערב הורים: רוב הורים אינם מעוניינים להיפגש עם המנהל אותו הם מנדנדים בכל ימות השנה. שהרי בניגוד למחנך שנמצא בכיתה, ואפשר להשיגו רק בשעות הערב - המנהל יותר זמין לכך, כך שעל המנהל לנצל זמן זה להסתובב בין הכיתות וכו' לוודאות שהכל כשורה. מומלץ להיות בשטח ולא במשרד.

10. הורים שלא הגיעו למפגש: אחרי כל המאמץ וההשקעה, ישנם הורים שלא מגיעים לערב הורים. חלקם בזדון, וחלקם באונס. אלו באונס בוודאי ירצו להשלים את שהחסירו. אך אלו שלא הגיעו מתוך אדישות - אם לא יעמדו להם על הראש הם יתפלפלו ויאחזו בכלל: "עבר זמנו בטל קרבנו". לאלו מגיע מכתב צנוע עם תזכורת להשלים את מה שפספסו. ובכדי לא לבייש את מי שבאמת לא יכול היה להגיע - מן הנכון שהמוסד יכתוב מכתב סטנדרטי לכל ההורים ללא יוצא מן הכלל.

❋

ז. ערב הורים הינו מסגרת חיצונית ומקיפה, וכוח ההשפעה הוא כמעט אפסי לעומת ההשפעה אליה המוסד יכול וצריך להגיע.

הרבה דרכים לכך. ומה שלא ישפיע על זוג הורים אחד בהחלט יפעל פעולתו על זוג אחר. אי לכך, חובת המוסד לנסות את כל הדרכים ואפשרויות, בכדי לחזק את הקשר בין הצוות וההורים, והעלאות רמת הידע של ההורים בחינוך ילדיהם.

ח. פגישות אישיות פנים אל פנים, בה מדברים ומגיעים לידי החלטה משותפת על דרך חינוכי לעתיד, הינן המועילות והמוצלחות ביותר, עקב כמה סיבות:

1. הן נערכות בבית, באווירה ידידותית ולבבית. על המורה לעשות מאמץ עילאי לפגוש את ההורים דווקא בביתם, כפי שהוסבר בערך הקודם. חשוב גם שהמורה יראה את הבית של התלמיד, ויקבל תמונה כללית מהאווירה בבית ודרך ניהולו.

2. בפגישות אלו אין תור של אנשים הממתינים בחוץ, וההרגשה הכללית חייבת להיות, כאילו שהשעון עצר מלכת, וישנו את כל הזמן בעולם עד שישיגו את מטרת הערב.

3. פגישות אלו נקבעות מראש ולא באקראי. לכל צד זמן יש להתכונן כראוי לפגישה, לרשום נקודות הכנה לשיחה, לרשום מסקנות, ולצאת מהפגישה בצורה מקצועית.

כך שכל אימת שבעיה קטנה או גדולה, מתעוררת - על המנהל לדחוף את ההורים והמורים כאחד, לקיים מפגש פנים אל פנים.

ט. מאידך חשוב להיות מודע לליקויים בפגישות אלו:

1. לפגישות אין זמן קבוע מראש. טבע הדברים הוא שהשגרה עלולה להשכיח לקבוע פגישות כאלו. המוסד כמוסד, אינו יכול ורשאי להישען על פגישות שאין להן מסגרת עבודה קבועה, ויש צורך מיוחד ויוצא דופן לארגנם, כך שלאו דווקא שהדבר יצא אל הפועל.

2. הורים שגרים מחוץ לעיר יתקשו לארגן מפגש עם המורה כאשר יש צורך לבוא במיוחד מחוץ לעיר, ובוודאי לא כאשר ההורה חזר מהעיר בשעות אחה"צ עם התלמידים. אכן, עם קצת מאמץ הדבר אפשרי, אך היות ואין לפגישה זמן קבוע בגדר 'עבר זמנו' - האסיפה תידחה שוב ושוב.

3. הורים לתלמידים טובים שאינם נכנסים בגדר פיקוח נפש, לא יקבלו שום תשומת לב. מרוב עבודה בבעיות דחופות, ישכחו לטפל בנושאים שלמרות שאינם בגדר פיקוח נפש, הם עדיין דורשים טיפול יסודי ומעמיק.

יו"ד. לקראת תחילת שנת הלימודים, רצוי לארגן פגישה בין ההורים של הכיתה החדשה למורה.

במצבים רגילים אין צורך דחוף בפגישה כזו, שכן תוכנית הלימודים ידועה, ושינויים ושיפורים בין וכה יהיו בהמשך. ההורים ברובם מכירים את המסלול החינוכי, אך בתנאים מסיימים: כגון, באם הכיתה עברה שנת לימודים קשה (עקב מורה לא רצוי, או אפילו כאשר המורה עקב סיבות שונות, מוכרח ללמד הכיתה שנה שניה, כך שההורים רוצים לשמוע על השינויים והעלאת רמת הכיתה/או סיבה דומה לכך), הפועל היוצא הוא שההורים מודאגים מכך. לכן, רצוי שהמורה ייפגש עם ההורים בכדי לדווח להם על תוכנית שיקום שיזמו המנהל והמורה. היתרון: 1. הדבר ייתן הרבה ביטחון עצמי להורים שמודאגים מהעתיד. 2. יערב את ההורים בחינוך ילדיהם בכלל, ובתוכנית השיקום במיוחד. 3. זמן רצוי לתבוע מההורים את עזרתם בעבודה המשותפת אודות חינוך ילדם.

✵

י"א. מישור שלישי - תיווך בין הצוות וההורים:

תופעה די נדירה היא, שמתעוררת מחלוקת או אי הבנה בין הצוות וההורים. לאו דווקא ב"הווית דאביי ורבא" או סוגיה מסובכת בחינוך, אלא בגלל דברים פעוטים. ההיסטוריה הלוא רחוקה מלמדת אותנו, שמלחמות לאו דווקא פורצות מסכסוך על קרקעות ובארות מים, אלא בגלל אי הבנה, ושיפוט לא נכון של תוכניות הצד השני.

תפקיד המנהל להיכנס לעובי הקורה, ליישר הפערים בין שני הצדדים ולעצור התפשטות הקרע, לפני שהדבר עלול לצאת מכלל שליטה.

י"ב. כדי למנוע חיכוכים בין הורים והצוות, רצוי שיהיו חוקים עקרוניים המבארים ומפרטים את זכויותיו וחובותיו של כל אחד מהשותפים. וזו המטרה של תקנון הורים בהמשך השער.

י"ג. תקנה בולטת היא - זכות הדיבור של ההורים עם הצוות:

בכמה מדינות ישנו "חוק" האוסר על ההורים להתקשר לצוות. כל בעיה, תלונה, או בירור עובדה וכו' – צריכים לעבור דרך המנהל.

תקנה זו נוסדה בעיקר בכדי להגן על הצוות. אך האמת תיאמר, שתקנה זו בטעות יסודה. לא רק טעות חינוכית, אלא גם נוגד כל כללי השכל והגיון אנושי:

1. אין זה הגיוני ומציאותי שהמנהל יצטרך להעביר מסרים מההורים למורים וחוזר חלילה. ע"פ רוב - נוצרות אי הבנות, או שא"א בכלל לתפוס את השני. כך שהמנהל מבזבז את רוב זמנו בכדי להיות דוור...

2. שיתוף פעולה הדוק נוצר אך ורק ע"י התדברות אישית. כך שככל שמוסיפים בחיזוק הקשרים עם המחנך <u>עצמו</u> - מתווסף בחינוכו המושלם של הילד. לאידך, קשר באמצעות מסרים יבשים חסרי כל חיות והיעדר ידיעה מדויקת - מחטיאים את המטרה!

הקשר עם מחנכי התלמיד (במקרים כגון: בירור "מה שלום הילד", הגשת עזרה ו"איך אנו יכולים לעזור בחינוך הילדים", בירור מקרה שקרה עם הילד וכהנה) - חייב להיות ישירות עם המחנך, ולא באמצעות המנהל.

מאידך, בכדי למנוע חיכוכים וויכוחים מיותרים, העלולים להעכיר את הידידות בין ההורים וצוות המחנכים - הנהלת המוסד חייבת לעשות תקנה: שכל תלונה הקשורה בהחלטת ההנהלה, חוקי ביה"ס, אופן ניהול המוסד, גיבוש ת"ל, דרכי חינוך והוראה וכיו"ב - על להורים להתלונן רק אל המנהל, בכתב או בע"פ. והוא יעיין בתלונה לגופו של עניין, ויעביר את התלונה אל יעדה להמשך טיפול רצוי.

ערך שלישי

תקנון בית ספר

ערך שלישי
תקנון בית ספר

א. מבנה התקנון שלפנינו, תקנון בית הספר, דומה בעיקרון לשאר החוברות שבספר זה.

מטרת התקנון היא - לייצג החוקים, תביעות, זכויות, והתחייבויות של שני השותפים בחינוכו של הילד - ביה"ס וההורים.

ב. לתקנון זה כמה מעלות:

א) לאור קביעת חז"ל "אין דעותיהם שוות" - די שכיח שנוצרים חיכוכים, העדר הבנה, ואי התדברות בין צוות המחנכים וההורים. בענייני חינוך, או בנושאים ניהוליים טכניים. בשעה שאילו היה ידוע מראש שאלה הם חוקי ביה"ס, התביעות, הזכויות והתחייבויות של כל צד - היו יכולים למנוע הרבה אי נעימויות.

ב) חלק נכבד מן הבעיות של ביה"ס היא העדר משמעת של ההורים, עקב שכחה, או בזדון לב! כאשר לבית הספר ישנו תקנון להורים - מטבע הדברים, ברוב המקרים, ההורים מעוניינים למלא <u>מראש</u> משימתם הנדרשת מהם. במידת הצורך - המנהל יכול להסתפק בתזכורת, ודי בכך.

ג) מאידך, התוצאות של התקנון הם חיוביים בלבד. החל מחיזוק הקשרים בין ההורים וצוות המחנכים (שהינו מעלה ראשונה ויסוד העבודה בטיפוח חינוך הילד), וכלה בחינוך מועיל לילדים.

ד) למרות שרוב רובם של הנושאים ידועים לכל הורה ואין בהם משום חידוש, אך היות שידיעה לחוד ומעשים לחוד - החידוש מתבטא בכך שהדברים כתובים בצורה מקצועית ורשמית.

ג. מחד, התקנון צריך להיות מפורט ומפורש באופן של 'רחל בתך הקטנה', ואי אפשר להסתפק ברמיזא בעלמא. גם הסגנון צריכה להיות במלוא התקיפות והבהירות. מאידך, יש להיזהר בכבוד ההורים, שזה הסיכוי היחיד שהמסר יתקבל באופן הרצוי. ולכך, הסגנון צריך להיות בסגנון דיפלומטי.

ד. הזמן הנכון להציג את התקנון להורים הוא: 1. בעת רישום הילד לביה"ס, חתימת ההסכם עם הנהלת המוסד. תקנון זה הינו ההסכם המקצועי ביותר שראוי שכל בי"ס יאמץ לעצמו. 2. לפני תחילת שנת הלימודים החדשה.

אין צורך בחתימה של ממש על התקנון. די בכך שכל הורה מקבל העתק מהתקנון הרשמי של ביה"ס. העיקרון של "סבר וקיבל" תקף גם כאן.

ה. פרטי התקנון משתנים בהתאם לתנאי הזמן והמקום, והנכתב אין בו משום חוקה חקקתי וכו'.

העתק התקנון נמצא בדיסק. וברשות המנהל להשתמש עם החוברת בהתאם לרצונו וצרכיו, דרישת תנאי הזמן והמקום.

תקנון בית ספר

כללי אתיקה להורים

תלמוד תורה בית אברהם
שנת הלימודים תשע"ח

מבוא

לה' הארץ ומלואה
יום לחודש אלול - "מלך בשדה", תשע"ח

להורים היקרים שיחיו לאויש"ט

שלום רב, וברכה עד בלי די!

א. מקווה הנני שהיה לכם קיץ בריא, נעים ושמח. ובוודאי התווספו אצלכם כוחות וחיות חדשים, במישור הגשמי והרוחני כאחד, לקראת שנת הלימודים הבעל"ט.

הרוח של חודש אלול מנשבת לה בחוץ, משתדלת לתת לנו תזכורת שימי הרחמים והסליחות והימים נוראים בשער. כעת שיא הזמן לעריכת חשבון נפש אמיתי ונוקב, יחד עם החלטה נחושה לחזק ולהתחזק בכל ענייני תורה ומצוותי' בכלל. ויסודות וערכי האומה, שהינו חינוך דור העתיד, במיוחד.

בימים אלה מתחילה שנת לימודים חדשה עבור ילדינו היקרים שיחיו. כל זמן חדש מהווה נתינת כוח והתעוררות חדשה, חזמן נאות להבטיח ששנת הלימודים החדשה תהיה באין ערוך יותר מוצלחת, משנים קודמות.

לאור זאת, מובן שכעת זהו זמן מסוגל להידברות, לחיזוק הקשרים ולשיתוף פעולה בין השותפים בחינוך ילדינו היקרים שיחיו - ההורים וצוות המחנכים!

❋

ב. השותפות בין ההורים וצוות המחנכים איננה שותפות טכנית גרידא. אלא יש בה משום שותפות של ממש, באשר כל אחד מהשותפים, מוסיף בפועל ממש נדבך חשוב וחיוני לחינוכו המושלם של הילד:

מחד - לחינוך ההורים חשיבות עליונה בעיצוב דמות הילד:

1. הקשר בין הילד להורים הינו טבעי ועצמי, מתובל וחדור עם הרבה חום ואהבה גלויים, על כל ההשלכות החיוביות הנובעות מכך.

2. הורים רואים את הילד במצבים שונים מאשר המחנכים.

3. הם רואים את הילד כאשר הוא מתנהג בצורה טבעית ואופיינת לו, מבלי הצורך להרגיש שהוא חייב להעמיד הצגה. וכאן עלולה להתגלות מהותו האמיתי.

לחינוך ההורים אין תחליף!

ליתרון זה - מתווספת תרומתו של המחנך, שיש לכך השלכות חיוביות נוספות:

1. הוא מחנך את הילד לתורה ומצוותי', ולמידות טובות בצורה מאורגנת ושיטתית.

2. המחנך נמצא עם התלמיד ברוב רובו של היום.

3. המחנך רואה את התלמיד במצבים ובשיעורים שונים. כל שיעור ומצב - מגלה אצל הילד שכבה נוספת מנבכי נפשו של התלמיד.

כך או כך, לכל אחד מהשותפים יתרון ייחודי משלו.

לאור כ"ז מובן ההכרח הגמור בשיתוף פעולה מלא בין המחנכים וההורים. שותפות שצריכה לבוא לידי ביטוי ממשי בכל שלב בחינוכו של הילד. רק ע"י שיתוף פעולה מלא על כל צעד ושעל - אפשר לוודאות חינוכו המושלם של הילד.

יוצא אפוא שחינוך ההורים והמחנכים הינו בגדר שותפות לכל דבר ועניין.

ג. לאור רוח זו, מצורפת כאן חוברת תקנון בית הספר, המבאר תוכנית עבודה מפורטת ואופן ניהול המוסד, כמו גם חובת ההורים והנהלת המוסד האחד כלפי השני.

כהורים שמוסרים נפשם עבור חינוך ילדיהם, בוודאי תפיקו הנאה מרבית מחוברות זו שתביא תועלת גדולה וממשית לחינוך הילדים.

✵

ד. בחבילה נפרדת תקבלו חומר חשוב נוסף:

1. חוברת תוכנית הלימודים.

2. "לוח תקנות וסדר הנהגה לתלמידים". מהראוי שההורים יהיו בקיאים בהם, ויקדישו זמן מה לדבר עם הילדים על הנהגה הנדרשת מתלמיד.

3. לוח השנה ותאריכי חופשות לשנת הלימודים.

4. מספרי טלפונים של תלמידי ביה"ס וצוות המחנכים.

5. טפסים שעל ההורים למלא ולהחזיר למשרד ביה"ס כחודש לפני תחילת שנת הלימודים.

✵

ה. אנצל הזדמנות זו לאחל לכם מעומקא דלבא בנוסח הברכה המסורתית "לשנה טובה תכתבו ותחתמו", בגשמיות כפשוטו וברוחניות גם יחד. ובמהרה ממש נזכה לקיום ומימוש היעוד "ומלאה הארץ דעה את ה' כמים לים מכסים", בגאולה האמיתית והשלימה.

בכבוד והערצה
המנהל

תקנון בית ספר

לפי סדר היום

שמירת הזמן

✍ האחריות המליאה והבלעדית לוודא שהילד מגיע לביה"ס בזמן המיועד, מוטל על ההורים. זמן תחילת הלימודים הוא 8.55. ראה בלוח תקנות לתלמידים פרטי התקנה לתלמיד שמגיע מאוחר.

בימי הקיץ - בי"ס מתחיל ביום ראשון בשעה 9.30 (הודעה מדוייקת תבוא בע"ה).

✍ חובת ההורים לוודא שהילד מגיע לביה"ס אחרי ארוחת בוקר משביעה, ושברשותו די אוכל ושתי' למשך יום הלימודים.

✍ אחריות זו כוללת את החוב לוודא שהילד הולך לישון בזמן, קם מוקדם, ועושה את המוטל עליו, בכדי שיוכל להגיע לביה"ס מוכן ובזמן.

✍ תלמיד שיגלה סימני עייפות בתדירות גבוה ותכופה - יישלח הביתה.

✍ אין להוציא ילד רק: 1. עם סיבה מוצדקת (שמחה משפחתית וכדומה). 2. במקרי חירום.

אין להוציא ילד מביה"ס לצורך טיול, קניות או בילויים גרידא.

הוצאות ילד מכותלי ביה"ס והלימודים בלי כל סיבה מוצדקת - 1. הופכת (בכלל, ובעיני התלמיד בפרט) את ביה"ס לבית מלון. 2. היציאה לטיול ולבילויים כאשר חבריו לספסל הלימודים יושבים והוגים בתורה - מעבירה לילד מסר אחד, שערכי תומ"צ הם במדרגה נחותה מהווית דהאי עלמא, וזה הורס לחלוטין את יסודות וערכי החינוך למסירת נפש לתורה ומצוותי' - שהיא חיינו ממש.

✍ גם כאשר מוכרחים להוציא ילד במשך שעות הלימודים - הדבר צריך להיות בתיאום וברשות המחנך והנהלת המוסד. שהרי בנוסף לכך שביה"ס צריך להתנהל בסדר מופתי - המחנך יודע באיזה שעות אפשר להוציא את הילד מבלי שיחסיר הרבה מלימודיו, או שבקלות יוכל להשלים את מה שהחסיר.

לימודים

✍ ע"מ לוודא התקדמות הילד בכל הקשור ללימודים, הנהלת המוסד מבקשת בזה את עזרת ההורים בכמה תחומים חשובים:

✍ עבודת בית: הרבה כיתות מקבלות שיעורי בית בצורה קבועה ומסודרת. במקרים רבים שיעורי הבית הינם חלק בלתי נפרד מסדר היום. המורה סומך על זמן החזרה של שיעורי הבית.

מורים לא נותנים שיעורי בית שההורים צריכים ללמוד עם הילד. מאידך, חובת ההורים לוודא שהילד גמר חוק לימודיו בשיעורי הבית מדי ערב.

על הילד לעשות שיעורי בית בנוכחות אחד ההורים, ועל ההורים לאשר זאת בטופס המיוחד מטעם ביה"ס. אין לאשר ולחתום הטופס אא"כ התלמיד אכן עשה המוטל עליו.

על ההורים להראות לתלמיד התעניינות בשיעורי הבית. אחרת - הדבר משתמע בעייני התלמיד שהלימודים ככלל אינם חשובים בעיני הוריו.

✍ <u>מעקב תמידי:</u> גם אם ההורה יודע בוודאות שהילד מתקדם בביה"ס כדבעי' למעבד - מן הראוי שההורה יעבור על חומר הנלמד, וגם יבחן את הילד על השיעורים <u>השונים</u> שלמד בחדר.

הצורך בכך הוא, בכדי שההורה ידע רמת הכישרונות והידע של הילד. וגם שהילד יראה שהאבא עומד מעליו, דואג לו ואכפת לו ממנו ומלימודיו. עובדה זו כשלעצמה יכולה לפעול גדולות ונצורות!

✍ <u>מבחנים:</u> ע"מ להעלות את רמת הלימודים של ביה"ס - לכל כיתה לוח זמנים למבחנים בצורה עקבית ומסודרת. העתק נשלח להורים. המטרה היא: 1. שההורים יוכלו להזכיר לילד על המבחן. 2. העיקר: חובת ההורים לעשות מאמץ להכין את הילד לקראת המבחן.

✍ כאשר המחנך שולח להורים דו"ח שבועי וכיוב"ז - מהראוי שההורה יעיין בזה בנוכחות הילד, ייתן הערות, מחמאות וכיוב"ז. אין לשער גודל ההשפעה לטובה, שיש למילה שכזו, שדורשת השקעה של דקות אחדות בלבד.

✍ כאשר על התלמיד להיעדר מביה"ס - על ההורים לוודא שהילד ישלים חוק לימודו מה שלמדו בזמן היעדרו. ליתר בטחון, מומלץ שההורים יבקשו <u>מראש</u> את תוכנית הלימודים.

הפסקות / אוכל

✍ ל"סנעק" מותר לשלוח:

אוכל בריא. להמעיט בממתקים וכדומה.

אוכל שאינו מעורר קנאה. להמעיט באוכל מוכן ויוקרתי.

אוכל נקי מסודר. להמעיט באוכל שנשפך, מלכלך, נדבק, כגון מרק וכדומה.

אוכל מוכן לאכילה, להמעיט באוכל שדורש הכנה.

ארוחת צהרים

✍ ראה לעיל.

נסיעה הביתה

✍ חובת ההורים לאסוף את הילד/ים מיד עם תום יום הלימודים כמפורט בחוברת תוכנית הלימודים - לוח יומי ושבועי, לא יאוחר מ-5 דקות. אין זה מהיושר שמורה שנמצא בתורנות, יצטרך לחכות להורים מעבר לזמן המיועד לכך.

✍ סידור הסעות חובת ההורים, ולא אחריות ביה"ס.

ביום שישי בימות החורף מסיימים בשעה 12:00 ובימי הקיץ בשעה 13:00

כללי

קשר עם הנהלת המוסד

✍ בכל יום ראשון המנהל יקדיש את השעות: ______________ להורים שעסוקים בימות השבוע ומעוניינים לפגוש את המנהל פנים אל פנים.

הורה שמעוניין בפגישה בשאר ימות השבוע, זכותו וחובתו לבקש פגישה בשעה שנוח לשני הצדדים.

הורים ומחנכים

✍ ילד שרואה שאביו מדבר עם המחנך שלו בחביבות ובידידות - הדבר מוסיף חיות ובטחון עצמי אצל הילד, ולו גם בגיל צעיר ביותר. בראותו שהוריו ומחנכיו כאחד אוהבים אותו ודורשים בשלומו, הדבר גם מייקר את ערך המחנך בעיני התלמיד.

✍ באם מוטל על ההורים לחתום טופס, מסמך וכיוב"ז שהילד הביא הביתה, על ההורים לעיין במסמך ורק אח"כ לחתום, וזאת גם במקרה שתוכנו ידוע להורים. אחרת - הילד עלול לפרש את המעשה כאי אכפתיות של ההורים בענייני המוסד.

✍ הקשר עם מחנכי התלמיד (במקרים כגון: בירור "מה שלום הילד", הגשת עזרה ו"איך אנו יכולים לעזור בחינוך הילדים", בירור מקרה שקרה עם הילד וכהנה) - חייב להיות ישירות, ולא באמצעות המנהל. וזאת מכמה טעמים עקרוניים:

1. אין זה הגיוני ומציאותי שהמנהל יצטרך להעביר מסרים מההורים למורים, וחוזר חלילה. ע"פ רוב - נוצרת אי הבנה, או שא"א בכלל לתפוס האחד את השני.

2. שיתוף פעולה הדוק נוצר אך ורק ע"י הידברות אישית. ככל שמוסיפים בחיזוק הקשרים עם המחנך <u>עצמו</u> - מתווסף בחינוכו המושלם של הילד. לאידך, קשר באמצעות מסרים יבשים וחסר כל חיות, או העדר ידיעה מדויקת - מחטיא את המטרה!

✍ על מנת למנוע חיכוכים וויכוחים מיותרים, העלולים להעכיר את הידידות בין ההורים וצוות המחנכים - הנהלת המוסד מבקשת את ההורים שכל תלונה הקשורה עם חוקי ביה"ס, אופן ניהול המוסד, גיבוש ת"ל, דרכי חינוך והוראה, וכיוב"ז - להתלונן על כך רק אצל המנהל, בכתב או בע"פ. המנהל יעיין בתלונה לגופו של עניין, ויעביר את התלונה אל יעדה. אין לדבר עם המחנך בנושאים הקשורים בהחלטת ההנהלה.

✍ חובה חינוכית ואנושית היא שהורים יראו בדיבור ובמעשה (בכלל, ובנוכחות המחנך והילד במיוחד) נימוסי כבוד והוקרה כלפי הנהלת המוסד וצוות המחנכים.

גם במקרה שהמחנך עשה טעות, ככל בר אנוש - על ההורים למצוא אותיות מתאימות ודיפלומטיות, איך להסביר לילד את המקרה. וכשזה לא מתאפשר - מוכרחים להתחמק ממענה. אך לא לפגוע בכבוד המחנך בשום אופן.

בזה נכלל גם שכל דו-שיח בין ההורים בקשר לבית הספר, צוות המחנכים וכהנה בנוכחות הילד - מופרך לחלוטין.

הניסיון מראה בעליל, שהורים שמתחו ביקורת כלפי המוסד וצוות המחנכים בכל רמה שרק תהיה (גם כשהדבר לא נעשה בזדון לב בנוכחות הילד, ובוודאי כאשר הדברים נאמרו אל הילד) - הדבר הרס לחלוטין כל השקעה חינוכית שהמחנכים וההורים עצמם השקיעו בזיעה ובדם!

✍ חובת ההורים להשתתף אישית בערב הורים שהמוסד מארגן כמה פעמים בשנה. המטרה: לאפשר להורים לדבר פנים אל פנים עם המחנכים על מצב הילדים, ולחפש תוכניות מתאימים איך לשפר, לחזק ולהעלות את רמת הילד.

האמת תיאמר - שחינוך אמיתי על רמה גבוהה ובעמקות הנדרשת, דורש קשר הדוק עם המחנך בכל ימות השנה. כך, שלטובת הילד, אין לחכות עד האסיפה הרשמית, ובעת הצורך - לקבוע פגישה עם המחנך.

זכרו! צוות המחנכים עומדים מוכנים לשירותכם 24 שעות ביממה!

✍ כשאר נוצרים חילוקי דעות בין ההורים והמחנך - על ההורים לדעת שההחלטה הסופית היא בידי המחנך. ההיגיון בדבר: הורים בטבעם חשודים בגילוי אהבה כלפי ילדיהם. עובדה שמביא להעלמת עין מבעיות, אי הכרת המצב לאשורו, והטיפול והתוצאות בהתאם.

חשוב לדעת שאין זה עניין "אישי", פוליטי, וכדומה. אלא "טבע שהקב"ה הטביע בעולמו".

✍ כאשר ברצון ההורים לשלוח מכתב למחנך או למנהל, ואפי' מכתב שנוגע לדיני ממונות למשרד המוסד - מומלץ להניח את המכתב בתוך מעטפה, חאת מטעמי משמעת ונימוס.

הורים כמחנכים

✍ בכדי לשפר את רמת חינוך הילדים - הנהלת המוסד רואה לנכון לארגן כמה פעמים בשנה ערב חינוך. בו ישמעו ההורים מפיהם של מחנכים מומחים בעלי ניסיון רב, הרצאות והדרכות יעילות איך ובמה אנו יכולים להוסיף בחינוך ילדינו.

✍ במטרה להגביר את ההתעניינות והידע בחינוך ילדינו שיחיו - הנהלת המוסד העמידה לרשות הורי התלמידים ספרי' להשאלת ספרי חינוך, קלטות וקסטות ווידיאו.

✍ הנהלת ביה"ס שכרה את שירותיו של מחנך מומחה ומקצועי, איתו יוכלו ההורים להתייעץ בנושאים חינוכיים ובעייתיים וכיוב"ז. הסודיות כמובן מובטחת!

בתחום המשמעת

✍ תלמיד שבביתו מכשיר טלוויזיה, גישה חופשית לאינטרנט בצורה זו או אחרת - אינו יכול להתקבל לבית הספר!

✍ אין לשלוח עם התלמיד מזומנים, יותר מהמיועד לצדקה בלבד. באם על התלמיד להחזיק ברשותו יותר מזומנים - עליו להצטייד עם אישור ונימוק מההורים לכך.

✍ על התלמידים להתלבש ב"תלבושת אחידה". הכוללת שתי אפשריות: 1. מכנסיים כחולים, חולצה בצבע כחול כהה וסוודר כחול. 2. מכנסיים אפורים, חולצה לבנה וסוודר אפור. מטעמים מובנים - אין לערבב בין שני סוגי הנ"ל.

במישור החינוכי

✍ חובת החינוך הינה חובת ההורים. המוסד והמחנכים אינם אלא שלוחם. אי לכך, ברור שהשקעת המוסד אינה במקום ההורים, אלא כהוספה וכשליחות.

דיני ממונות

✍ אם אין קמח אין תורה. על ההורים להגיע להסדר עם הנהלת ביה"ס על תשלום שכר לימוד, לא יאוחר מתאריך: ____________________

✍ תשלום שכר לימוד כולל גם תשלום עבור חודשי חופשת הקיץ.

✍ הורים שאין באפשרותם לשלם את המחיר הרשמי - עליהם לפנות למשרד הנהלת המוסד, ולבוא לידי הסכם.

✍ המוסד משרת את כל ההורים בשיווין מלא. וזאת מבלי להתייחס כמה משלמים! גם הורה שאינו משלם שכר לימוד כלל, חייב להרגיש בנוח לדבר עם המחנך, המנהל, בכל הקשור לחינוך ילדיהם. גם אין כל צורך להימנע מלמתוח ביקורת כאשר ההורה חושב שזה טובת המוסד והתלמידים.

✍ המשא ומתן על שכר הלימוד - יש לדון רק עם חבר הנהלת המוסד הממונה לתפקיד זה. הממונה לשנת הלימודים .... הוא:

הורים יקרים! זכרו - סודיות מובטחת!

✍ את שכר הלימוד יש לשלם מדי חודש בחדשו, בתחילת החודש הלועזי. ע"י הוראת קבע בבנק, או שקים דחויים (במדינות בהם הדבר חוקי).

✍ הנהלת המוסד מבקשת את ההורים לא לדבר על תשלום שכר לימוד עם אנשים שאינם נמנים עם צוות ההנהלה. באשר כל תיק נידון לגופו של עניין, ואי ידיעת פרטים חשובים, עלולה להתפרש אצל השומע בצורה לא נכונה.

טבלה שכר לימוד

מחלקה	תשלום חודשי	ס"ה לשנה
גן ילדים חצי יום		
גן ילדים יום לימודים שלם		
יסודי:		
תיכון:		
ישיבה קטנה		
ישיבה גדולה		
סעמינר		

ספרים

✍ חובת ההורים לצייד את הילדים בכל הספרים הנדרשים ורשומים בחוברת תוכנית לימודים.

✍ חובת חינוכית הוא לוודא שהספרים יהיו חדשים, מסודרים ומעוררים כבוד ורצון ללמוד בהם.

מכשירי כתיבה

✍ על התלמיד להצטייד במכשירי כתיבה בסיסיים: עט, סט לורדים (מכיתות ה' ומעלה), 4 עפרונות רגילים, סט עפרונות צבעוניים (6 צבעים), מחק, מחדד, סרגל, מספריים.

מכשירי כתיבה חייבים להיות מרוכזים בתיק מיוחד לכך.

הנהלת ביה"ס תספק אוגדנים ודפים לכתיבה, במטרה שיהיו לתלמיד אוגדנים ודפים נכונים. על ההורים לשלם תשלום שנתי וחד פעמי, עבור הוצאות מכשירי כתיבה שביה"ס מספק: $14 לתלמיד.

ימי עיון

✍ חלק מהעלאת רמת ביה"ס היא ארגון ימי עיון עבור המורים. ע"מ לאפשר לצוות המחנכים להתרכז בהכשרה מקצועית - בימים בהם מתקיים ימי עיון לא יתקיימו לימודים עבור התלמידים. לרוב, ימי עיון יתקיימו ביום הראשון של החופש. כדי שהדבר יגרום למינימום טרחה עבור ההורים.

חופשת קיץ

✍ חופשת קיץ נהפכה להיות בעשור האחרון למכשול ממדרגה ראשונה. בעיקר במחנות קיץ (בעיקר אלו שמיועדים למתחילים) בהם לומדים שעות בודדות בלבד.

כמו"כ, ישנם הורים שלוקחים את ילדיהם לנאות דשא, למרות שגם במעונות אלו נמצא מחנך. הרי בנוסף למספר השעות המזערי - חסרה בו אווירה וסדר של בי"ס רגיל, על כל המשתמע מכך. ברוב המקרים בחדרים מאולתרים אלה, ניכר שהם כדי לצאת ידי חובה בלבד.

התוצאות השליליות מבהילות ביותר: במשך כל ימות השנה המחנכים וההורים כאחד, משקיעים כל חיותם בטיפוח הילד בלימוד התורה ובהדרכה חינוכית. והנה לאחר חודשים של השקעה רצינית, כשכבר מתחילים לראות קצת פירות מההשקעה - חודשי הקיץ בשער, והכול הולך לטמיון. יתירה מזו: ע"פ רוב לאחר חג הפסח, הילד כבר חולם על ההרפתקאות הרבות שמחכות לו בחודשי הקיץ המשמשים ובאים. וכאשר הילד חוזר לחדר - די שכיח שנדמה כאילו הילד נחת מכוכב אחר ויש להתחיל הכל מחדש. סדר עבודה זה חוזר על עצמו מדי שנה בשנה.

והצעקה היא - מתי יגיע הזמן שעל הילד יהיה להתקדם ולהעלות?!

אי לכך, הנהלת המוסד רואה לנכון להנהיג כמה תקנות חשובות בקשר לחודשי הקיץ:

א) חובה על ההורים לשלוח את ילדיהם למחנות קיץ שמתנהלות במתכונת של בי"ס רגיל, על כל המשתמע מכך.

ב) על ההורים להתייעץ עם הנהלת המוסד לאיזה מחנות קיץ לשלוח את ילדיהם.

ג) הורים שמוכרחים לנסוע לנאות דשא עם הילד: על ההורים לפנות להנהלת המוסד ולקבל תוכנית לימודים מיוחדת לחודשי הקיץ. על התלמיד ללמוד את החוברת ולהיבחן ע"ז לפני תחילת שנת הלימודים החדשה.

ד) על ההורים למלא דו"ח מיוחד.

ה) חובת ההורים למסור להנהלת המוסד את שם המחנך וכו' לחודשי הקיץ, כדי שהנהלת המוסד תוכל לעמוד אתו בקשר תמידי בכל הקשור לחינוכו המושלם של הילד.

ככלל: חובת ההורים לראות ולוודא שמצבו הרוחני של הילד לא רק שלא תתדרדר, אלא אדרבה: יעלה ויגדל במעלות התורה והיראה!

תחילת שנת הלימודים

✍ עקב קשיי התרגלות והמעבר בין חודשי הקיץ למתכונת של לימודים רגילים - ביום הראשון של שנת הלימודים, הלימודים יסתיימו בשעה 12:00.

סוף דבר:

"הכל נשמע את האלוקים ירא ואת מצותיו שמור, כי זה כל האדם".

ערך רביעי

שכר לימוד

ערך רביעי
שכר לימוד

א. שכר לימוד הינו נושא נפיץ ורגיש בכל מוסד חינוכי.

ערך זו ידון בנושא מבחינה הלכתית, פרקטית, חינוכית, אנושית, היסטורית וכן הלאה.

ב. להחזיק ולפתח מוסד חינוכי עולה הון תועפות. מוסדות שאינם במימון ממשלתי נחנקים וקורסים תחת המשא הכבד של גיוס כספים. יעידו ע"כ אלו שהתנסו בכך. ואין זה ניסיון קל כלל ועיקר. אך גם מוסדות שמקבלים מימון ממשלתי מלא, חייבים לגייס כספים לפרויקטים אלו ואחרים. ואין מוסד בעולם שיכול להתחמק מזה. השאלה היא רק כמה.

הכנסות המוסד מגיעות איפוא מכמה מקורות: תקציבים ממשלתיים, מענקים ממשלתיים, תרומות, שכר לימוד, והיתרה מחובות שלפעמים לא רואים בהם את האור בקצה המנהרה.

במסגרת זו לא נדון בחלקו של כל אחד מהכנסות אלו בתקציב הכללי. בכל מקרה ברור הוא ששכר הלימוד הינו חלק קטן בלבד מהכנסות המוסד. למרות זאת, ברור שההורים חייבים ליטול חלק נכבד בעול זה.

בזמנים של פריחה כלכלית, המוסד מגייס את הכספים מנדיבי עם שמטעמים אלו ואחרים (פטור ממס, ייסורי מצפון, כבוד מדומה ועוד. ו"עשרה בטלנים" נותנים לשם שמים) מזרימים הון רב למוסדות.

הבעיות צצות כאשר המוסד עדיין לא מספיק יציב, או לחלופין כאשר המוסד נקלע לקשיים כספיים מטעמים אלו ואחרים, או כשהמוסד איבד תורם נכבד, נקלע למיתון כלכלי וכדומה. במקרים אלו, המוסד מתחיל לחפש מקור הכנסה חדש, כאשר הקורבן הראשון הינו, איך לא, ההורים.

לכל הורה ברור ומובן ששכר לימוד חייבים לשלם. הרי המוסד חייב להתקיים איכשהו... השאלה היא רק כמה ומי. כלומר כמה על ההורים לשלם וכמה על המוסד להשלים?

וכאן עומדים שני הצדדים משני צידי המתרס, כאשר לרוב המוסד מנופף עם קלף המיקוח "אתה לא חייב לשלוח... באם אתה רוצה תשלם את המחיר"...

הוויכוח הינו נצחי. הסיבה לכך פשוטה למידי: נכון להיום, העולם התורני והרבני לא יצא באף מחקר ראוי ומקיף בנידון. ובהעדר פס"ד ברור, מפורט ונוקב, עולם כמנהגו נוהג ו"כל דאלים גבר".

המחירים עולים מדי שנה בשנה במספרים שההגדרה "לא בפרופורציה" הינו "אונדר סטייטמנט"...

והשאלה נשאלת - מה האמת?!

ג. על מנת לתת מענה ברור, יש לכל לראש לנתח עמדת הצדדים.

טענת המוסד היא:

למוסד תקציב ענק. הנהלת המוסד עובדת במסירות נפש לגייס את הכספים הנדרשים. לגייס כספים זו עבודת פרך על כל המשתמע מכך. לחץ בעלי החובות אינו עוזר למשימה, אך עומדים בזה בכבוד. מן הראוי אפוא שגם ההורים ייטלו בעול הכספי של המוסד. באם הורה אינו יכול לשלם את מלוא שכר הלימוד, אולי מן הראוי שיקדיש מזמנו לגייס כספים לטובת המוסד. כאשר הסכום יקוזז משכר הלימוד.

טענה זו מתחזקת כאשר מדובר בתלמיד שאינו נמנה על תושבי העיר, מעבר לים וכדומה: באם מדובר בתושב המקום, הרי שבמידה מסוימת המוסד "תקוע" עם התלמיד. בגלל חוסר האפשרות לשלם שכר לימוד - אי אפשר לזרוק תלמיד לרחוב או לשלחו לעיר אחרת (שהרי באם להורים אין מימון למוסד חינוכי מקומי, בוודאי שלא יהיה להם עבור העלויות בלשלוח את בנם מחוץ לעיר). כך שהמוסד חייב לקבלו. אך כאשר תלמיד מעיר אחרת מתעקש להתקבל דווקא לישיבה זו, כגון במקרה שלדעת המקצוענים התלמיד יצליח דווקא במוסד זה, המוסד טוען "באם אין לך, תגייס"!

טענת ההורים הינה:

רוב מנין ובנין של עם ישראל, במיוחד משפחות מרובות ילדים (הגדרה נכונה אצל הרוב) גם אלו שמתפרנסים בצורה מכובדת, בקושי גומרים את החודש... בלשון המעטה. חלק נכבד מהם מתבוססים בחובות שרק הולכים ותופחים עם הזמן. אלו מהמעמד הבינוני מצבם עוד יותר קשה מעיניי עירך, שהרי אין להם את האפשרות לומר "אין לי"... ואי לכך אינם מקבלים הנחות באף מקום. במידה מסוימת ובשורה התחתונה, מצבם של אלו כמו אלו שמלכתחילה מרוויחים פחות.

משפחה ממוצעת זקוקה לעשרות אלפי דולרים בשנה, לו רק בכדי לממן את שכר הלימוד שמוסדות החינוך, הישיבות, הסמינרים וכו' דורשים ולפעמים גם תובעים. וזאת טרם התחילו לדבר על הוצאות מחיה מינימליים.

מאידך, טוענים ההורים, למוסד חינוכי אפשרות לגייס כספים מתורמים ונדיבים. זה אכן לא קל, אבל האפשרות קיימת. משא"כ להורים, הרחבת תקציב המשפחה כאשר פשוט "אין" מהיכן, פירושו להכניס את המשפחה לבור ענק בתקציב. אשר סופו מי ישורנו.

באשר להצעת המוסד שההורים יתחילו לגייס כפסים לטובת המוסד:

א) אצל מגייסי כספים זה עבודתם ושליחותם. להורים יש משרות מליאות משלהם, וקבלת "משרה" נוספת, לא תמיד עומדת במבחן המציאות בלשון המעטה. ולמען הדיוק, זה ללא ספק יפגע בשלום המשפחה ובחינוך הילדים בכללם.

ב) מה יעשה הורה שיש לו כמה ילדים? לאיזה מוסד הוא יגייס כספים בשעות שהם לא יום ולא לילה?

ד. בספר "אוצרות של חינוך" (ח"א) מובאים העתקים מתקנות קהילות ישראל משנים עברו בנושא החינוך וניהול בית ספר.

בעיון קל במקורות נגלה תופעה מדהימה: אצל הרבה קהילות היה החוק שגם הורים שאינם יכולים לשלם שכר לימוד, הרי שהם יכולים, ואולי גם חייבים, לשלוח את ילדיהם לבית הספר!

לדוגמא:

א. בתקנות "וירונה" סעיף י"ב נאמר: "אין שתי ידיים באות כאחת, ואין אדם זוכה לשני שולחנות. ובגלל הדבר הזה לא יוכלו מעלות המלמדים והמסייעים ג"כ לקבל שום פירעון מהתלמידים הבאים להתלמד בת"ת, לא מהם ולא מאבותיהם ואפוטרופסיהם וכיוצא בהם. וזה יקבלו עליהם לשמור ולעשות בכל תוקף בלי ערמה ומרמה, ולהם לבדם ניתן להגבות שכרם הקצוב מחברתנו

בבאליטציוני (ע"פ החלטת הוועד), כדי שלא יהיה משוא פנים בדבר בין תלמיד לתלמיד אלא כולם שווים יהיו בעיניהם".

ב. בתקנות מודונא סעיף י"ט נאמר: "בית ת"ת יהיה פתוח לרוחה בכל עת לקבל כל מי שנדבו לבו לסור שמה ללמוד, בין בקביעות בין במקרה, בין עשיר בין עני, מיחידי עירנו או מעיר אחרת, כל אפיא שוין. ויחויבו מע' המלמדים לקבלו בסבר פנים יפות בלי שום ערעור".

המילים מדברות בעד עצמן!

הרבי מליובאוויטש, שההוראות המדהימות שלו בנושא חינוך ממלאות אלפי מכתבים, שיחות, והוראות פרטיות אין ספור, כותב באג"ק חט"ו:

"בשאלת שכר לימוד מאלו שיכולים לשלם ואינם רוצים. מובן שיכולים לקחת האמצעים המתאימים לזה, אבל תקוותי אשר אם יזהיר את המסרבים שיפרסמו שמותיהם גם זה בלבד יועיל.

בהנוגע להגבהת שכר הלימוד. זה תלוי בתנאי המקום ותנאי הארץ בכלל, ולכן יתייעצו בזה ביניהם ביחד עם ועד הרוחני של הכפר". עכלה"ק.

יתירה מזו מדגיש הרבי שוב ושוב: הצלחת המוסד בגשמיות ובגיוס כספים הינה דווקא ע"י הגדלת מספר התלמידים. וגם כאשר חסר בתקציב המוסד, <u>לעולם</u> אין לסגור שער היכלי המוסד לתלמידים!

לשלוח תלמיד שהוריו לא עומדים בהסכמים - איננה אופציה כלל וכלל. זה פשוט לא מוזכר. וכי בשופטני עסקינן?

ה. לנושא עוד נספחים רגישים וגורליים:

למרבית הצער, ברוב המקרים, שיחות אלו מתנהלות בנוכחות הילדים. אם בנוכחות פיזית, שיחות הורים מול הילדים, מעל גבי העיתון המודפס והדיגיטאלי, וכדומה.

איזה טעם יש לשלוח תלמיד לבית הספר כאשר הוא מסתכל על המחנכים שלו כגזלנים? גם באם המוסד טועה לחלוטין, כל עוד התלמיד מקבל את יסודות חייו ממוסד זה, הדבר הכי בסיסי שחייב להיות הוא שהתלמיד יכבד את המוסד.

ו. בהרבה מוסדות קיים מצב שתלמיד ייזרק מכותלי המוסד בגלל שההורים לא שלמו שכר לימוד. התלמיד נקרא אל משרד ההנהלה, ו"בצער רב" מודיעים לו שעליו ללכת הביתה, בגלל... "שההורים לא שילמו שכר לימוד"...

הנזק שנזרע בלב התלמיד הינו נצחי! את הכסף המוסד כנראה יקבל בצורה כזו או אחרת. אבל את הנזק - לא יוכלו לתקן! ישנם תלמידים שלעולם (!) הם לא יסלחו למוסד על הבושות שגרמו להם! האם יש טעם בכל ההשקעה בתלמיד כאשר נזיפה אחת יכולה להוריד את כל ההשקעה לטמיון?

יתירה מזו: בשוק הנושרים מסתובבים היום <u>הרבה</u> תלמידים לשעבר שהמכה בפטיש, ואולי הגורם המרכזי לכך שזנחו את הדת היא בגלל הבושות שקיבלו מהמוסד בגלל העדר תשלום שכר לימוד.

והאמת חייבת להיאמר: מוסד חינוכי שמסוגל להשתמש בתלמיד כערבון לקבלת תשלום, אינו זכאי לרישיון לנהל מוסד חינוכי - חד וחלק!

ישנן הרבה דרכים לגביית שכר לימוד וחובות. התלמידים לא נמנים ברשימה הזו.

ז. לסיכום ניתן לומר:

א) הגיע הזמן שהמחירים למוסדות חינוך, בכל רמה וגיל שרק יהיו, יהיה בגדר ש"הציבור יכולים לעמוד בו".

ב) חייב שהמחירים יהיו אחידים, ולא איש הישר בעיניו יעשה.

ג) חייב שהמחירים יקבעו לא ע"י המוסד עצמו, שהוא נוגע בדבר. אלא ע"י וועדה חיצונית. והכי נכון ע"י רב העיר, קהילה, עדה או חוג.

ד) לעולם אין לסגור שער החינוך לאף נשמה יהודית!

ה) לשלוח תלמיד לשערי רומי בגלל "חטא" הוריו אינה אופציה בבית ספר בו לומדים תורת משה ומתחנכים ברוח ישראל סבא!

ו) הנושא של שכר לימוד אינו נושא שמדברים עליו כאשר הילדים בכל גיל שרק יהיו מציצים מן החרכים.

ז) שכר לימוד מההורים יש לגבות בפורום המשפטי הנכון. קרי בית דין, בוררות וכדומה. הילדים בכל מקרה אינם כשירים למקצוע זה.

ח. להנ"ל יש להוסיף נקודה מאוד חשובה מזווית ראיה אחרת, והאמת חייבת להיאמר בצורה גלויה - ישנן מוסדות חינוך שמעשרים את בעליהם. אם בצורה ישירה - כאשר ראשי המוסדות לובשים את הכובע של מגייס הכספים ודורשים מקופת המוסד את חלקם... חלק נכבד ממוסדות החינוך הינם בגדר עסק משפחתי סגור כאשר כללי המשחקים נקבעים מראש בחדרי חדרים.

האם שכר לימוד $22,000 לשנה בסמינר, או $18,000 שכר לימוד לישיבה הינו מחיר סביר, או משכורת מנופחת לבעלי המניות של המוסד? ואיך בדיוק על הורה שיש לו שלושה בחורים בישיבה, שתי בנות בסמינר ועוד אחד בגיל נישואין לכסות את הצ'קים?

הרי מדובר במשימה שגם בעלי המוסדות בעצמם, כאיש פרטי, לא היו מסוגלים לעמוד בזה?

חובת הנהלת המוסד לדאוג שלמוסד לא יחסר כל טוב. בניין נאה, משכורות המכבדות את בעליהן, פנימייה לתפארת, אוכל משובח, ואפי' גינה מטופחת ודאגה לעתידו הכלכלי של המוסד וכן הלאה. אבל ברגע שחוצים את הגבול הדק, והתלמידים יודעים שהמוסד החינוכי הפך להיות עסק מצליח - הרי שעדיף לחפש השקעות בטוחות אחרות מאשר להעביר מסר שלילי לחלוטין (בלשון המעטה) אל התלמיד, שכל עתידו הגשמי והרוחני, ושל כל יוצאי חלציו, נמצאים בידי המוסד!

מוסד חינוך הינו יסוד היסודות של עם ישראל, ולא ביזנס!

***

ט. נושא נוסף אף הוא קריטי: בקהילות רבות ישנן הרבה משפחות יהודיות, שלע"ע אינם נמנים ברשימת היהדות הדתית, ולבית ספר חרדי הם לעולם לא ישלחו את ילדיהם. העובדה שאין להם בתי ספר שמעניקים להם חינוך יהודי ברמה גבוהה וגם שכר לימוד חינם או לפחות כפי היכולת – משמעותם - בחירה בבית ספר ממשלתי גוי! בסגנון פשוט למידי: חריצת הגורל על אלפי יהודים לשמד ולטמיון בין אומות העולם. הם, בניהם והדורות הבאים!

האם אין זה צריך לעורר זעזוע אצל מנהיגי כלל ישראל, במיוחד אלו שמתעסקים בהפצת היהדות, שהדרך היחידה להציל את הדור הבא הוא ע"י הקמת בתי ספר יהודיים חינם, או חצי חינם, לכל הדורש?!

אכן תידרש לשם כך מסירות נפש פשוטו וכמשמעו. וכנראה שאין מנוס מכך.

שער שביעי

יסודות החינוך

ערך ראשון

מבוא לשער

ערך ראשון
מבוא לשער

א. כאקדמות מילין לשער יסודי זה חשוב להבהיר: נושא החינוך הוא "ארוכה מארץ מידה ורחבה מיני ים", וספר זה אינו בגדר המסגרת המתאימה לביאור נושאים חינוכיים בכלל.

מאידך, מערכת החינוך בדורנו דורשת טלטלה, זעזוע עמוק ושינויים לטווח הארוך והקצר. ואשר לכן, שער זה מיועד בעיקר לנושאים הקשורים:

1) למערכת החינוך בכלל ועבודת המנהל בזה.

2) נושאים שיש בהם משום מהפיכה וחידוש לגישה החינוכית בכלל, ולמערכת החינוכית במיוחד.

ב. טבע האדם שמתרגל לדפוס עבודה מסויים, קשה לו לשנות דרכו, גם כאשר מדובר בתפיסת עולם שגויה, דרך לא מוצלחת, מנהג שאינו עולה בקנה מידה אחד עם רצון ה' וכו'. וגם כאשר "נשתנו העיתים" - ההרגל וההתרגלות לאווירה הישנה עושים את שלהם. הדבר תופס מקום מיוחד בעולם היהודי, שכל דבר שיש בו משום חידוש, נכלל בכלל של "חדש אסור מן התורה".

ואי לכך חשוב להבהיר:

1) הספר ככלל והנושאים דלקמן במיוחד, מיוסדים ומבוססים בהררי קודש. אם בתורת הנגלה, או בתורת הדרוש והסוד.

2) אין חדש תחת השמש. החידוש הנראה לעין הוא 1. המבט הכולל של התמונה כולה. 2. החידוש והגילוי כשלעצמו.

3) המאמרים בשער זה נאמרו או נכתבו בזמנים שונים. ולכן ייתכן שנקודות שונות חוזרות על עצמן בכמה מקומות בצורה זו או אחרת. אך עקב חשיבותן המיוחדת, יחד עם הצורך לחדד את הנושא מזווית ראיה אחרת והתאמתם לנושא החדש, הדברים נשארו במתכונתם הנוכחית.

ערך שני

גישות בחינוך

ערך שני
גישות בחינוך

א. עובדה ידועה היא שהעתים והדורות משתנים. מקביעת חז"ל "אם ראשונים כמלאכים - אנו כבני אדם", וכו', נראה שלא מדובר בשינוי למעליותא...

גם הילדים של היום אינם כבעבר: פעם הילד ידע, והיה מונח אצלו בהנחה פשוטה, שהתורה ומצוותיה היא חיינו ממש, ובזה היה חי עשרים וארבע שעות מסביב לשעון. זה ראה אצל אביו, מחנכיו ומשפחתו, וכזאת הייתה האווירה בשטעטל בו הוא היה גר. פשוט שמשהו אחר - לא היה קיים בעולמו.

גם ילד שלא היה בדרגא כזו - דרכי הטיפול בו היו בהתאם: די בעיון קצר בלבד בספרי הזיכרונות של חסידים מקדמא דנא, בכדי לקבל מושג כלשהו, איך טיפלו בתלמיד לא ממושמע. יתירה מזו: הגישה והתביעה החינוכית תבעה שגם תלמיד מעולה אך נחשב ל"חיצון" (ביטוי וכינוי חסידי עמוק למי שעובד עבודתו מבלי להיות מונח בזה באמת ובצורה פנימית) - קיבל שפשוף.

לעומתם אצל הילדים של דורנו - התורה ומצוותיה אינם בגדר הנחת יסוד פשוטה. כל פעולה נובעת מהתחדשות, או מאמונה (שהתוצאות יכולות להיות הפוכות לגמרי ממה שמאמינים), או מ"מצוות אנשים מלומדה", ובוודאי שאינם כל מהותו וחייו ממש.

ברור שתלמיד בדורנו אינו כלי לטיפול של פעם. ולכך, באם הוא יקבל ביטוש ע"כ שמתנהג כ'חיצון', או שכוונתו להתייהר, לא רק שהדבר לא יפעלו פעולתם, אלא זה אף יביא את התלמיד למצב של שבירת הכלים.

הבעיה החינוכית של דורנו נובעת (לא רק מהעדר גילוי אור מושלם, אלא בעיקר) מהחושך הכפול והמכופל השורר בעולם: מול החינוך הפרימיטיבי, והדפים הבלויים של הגמרא ש"זקנו תקפה עליו" - עומד עולם ומלואו, שפע רב של תענוגים וחומריות עוה"ז, המושכים את הדור הצעיר בחבלי 'עבותות אהבה' היישר אל עבר פי פחת של שאול תחתית. העוצמה של הטכנולוגיה המודרנית והכלול בה - מסמרות שיער אנוש.

מנגד עומדים המחנך וההורים חסרי ישע בקריאה וזעקה: "אנה אני בא".

כך או כך, מדובר בהבדל שונה ומהותי, המחייב קו וגישה חינוכית שונה בהחלט מאשר התרופות של פעם.

נשאלת א"כ השאלה: מהי הגישה החינוכית הטובה ביותר, שמחד מתאימה לחכמתו ורצונו של הקב"ה, ובו בזמן, גם הולם את ילדי דורנו? כיצד מגשרים על הפער התהומי בין שני העולמות?

ב. שאלה עקרונית זו מעוררת ויכוח קשה, וחילוקי קווי <u>ויסודות</u> העבודה בחינוך בכלל, ובאופן סידור רוח המוסד, דרכי הלימוד ורמת המשמעת במיוחד:

כת אחת אומרת - מוכרחים להוריד פרופיל, ולהתאים את שיטת החינוך, תביעת התורה וכו' בהתאם לרמת הילדים של דורנו ("חנוך לנער ע"פ <u>דרכו</u>"): אמנם בוודאי חייב שתהיה משמעת כללית בישיבה. לא ירשו לתלמידים לזרוק עגבניות על המורה, גם לא יתנו לכך שירביץ האחד לחברו עד זוב דם. אך להקפיד על משמעת חזקה, שיבואו בדיוק בשעה תשע בבוקר ללימודים, וכהנה - כל אלו נראים להם

כתביעות מיותרות, שאינן עולות בקנה אחד עם הדור העכשווי המתורבת. גם כאשר תלמיד עבר על חוקי ביה"ס - אין צורך להענישו, די באזהרה בלבד. רמת הלימודים - כרצון איש ואיש. המשמעת - כהחלטת התלמידים. וכהנה רבות.

בחדא מחתא, ההנהלה תשקיע מאמץ ומשאבים בתוכניות שונות ומגוונות, ולו רק בכדי שהתלמידים ירצו לבוא וליהנות משהייתם בביה"ס. וגם כאשר ילכו הביתה, ההורים יהיו שבעי רצון מכך שהם לא בוכים ועומדים להם על הראש. ושלום על ישראל.

כעקרון - הכלל הוא: לא למשוך את החבל יותר מדי. יש להתכופף ולוותר על העקרונות, בכדי להבטיח לפחות את הקרן.

ג. גישה זו, למרות שיתכן שמקורה דאגה כנה לתלמיד. אך יהיו הסיבות אשר יהיו – לפועל, גישה זו מופרך לגמרי:

ידוע בשער בת רבים הביאור על מאמר רז"ל "אוהב את הבריות ומקרבן לתורה" - גישת התורה היא שיש לקרב את הבריות, אלו שנמצאים בדרגא נמוכה של בריות, לתורה. ולא ח"ו לקרב את התורה אל הבריות.

בנידון דידן - הסיסמה להוריד פרופיל פירושו ע"פ תורה: "אין ברירה, מוכרחים לוותר על אי אלו יסודות בתורה ומצוותיה, ובלבד...". כלומר - חולשה בגאון יעקב, ויתור, שסופו נסיגה מליאה. אשר תוצאותיו השליליות גורמות בסופו של דבר להרס וחורבן ממש. כפי שהניסיון הראה בעליל.

כך שאפילו הביטוי "אלו ואלו דברי אלוקים חיים" - אינו הולם שיטה זו.

גישה זו הינה הפך התורה, נוגדת כל כללי ויסודות החינוך, ההיגיון והשכל הישר, ובו בזמן היא מפספס את המטרה שרוצים להשיג:

וויתור איננו בפרט מסוים, בנקודה מסוימת. וויתורים משמעם - וויתור על העקרונות, על היסודות, ועל הכל! ומה משיגים? - על כך אין תשובה.

אז איך אפשר להחדיר משמעת במוסד כאשר על כל עבירה מוותרים? לאיזו רמת לימודים יכולים להגיע באם התלמיד יודע בוודאות שגם כאשר אינו יודע את החומר שלמד במשך השבוע, עוברים לו על כך בשתיקה מוחלטת? יהיו הסיבות אשר יהיו - התלמיד רואה שבמוסד לית דין ולית דיין. סברות ושיטות אינן תופסות מקום בעולמו של התלמיד, תלמיד מסיק מסקנותיו והנהגתו בהתאם למציאות. ובאם בפועל מוותרים לו פעם אחרי פעם - התלמיד מלכתחילה פועל בהתאם. בסגנון התלמידים וויתור פירושו - שמלכתחילה אין שום דבר, ולא שוויתרו על משהו.

האמת תיאמר - אין צורך לכפות משמעת על התלמידים! כלל ידוע הוא בחינוך, שתלמידים בפנימיות מעריכים ואוהבים עד למאוד משמעת וסדר חזק. יש רק לחפש את האמצעים הטובים ביותר איך להוציא רצון זה מההעלם אל הגילוי. אך הכישרונות ישנם. וא"כ מה ההיגיון בוויתורים על משמעת וסדר וכו', כאשר במוקדם או במאוחר לתלמיד עצמו ימאס מן ההפקרות וחיים חסרי טעם? ובלי ספק ניתן לומר שגישה זו מופרכת מעיקרה מכל זווית ראיה שרק ניתן.

ד. ממול, מושכים את החבל לצד ההופכי. הורים ומחנכים שעומדים אובדי עצות, מנסים למכור את הסחורה הישנה שבעיני הדור הצעיר כבר פג טעמה מזה זמן עידן ועידנים. בעיניהם הפתרון היחיד לחסן את הילד מפני השפעות הרסניות אלו היא - לסגור את הילד תוך חומות הגטו, מבלי שהילד יהיה מודע אפי למה שקורה מחוץ לד' אמותיו. ועד שהילד יגדל, יצא לעולם - הוא כבר יהיה מלא וגדוש בש"ס ופוסקים. והכול על מקומו יבוא בשלום.

לשיטה קיצונית זו, למרות שבלי כל ספק היא באה מדאגה כנה לשלומו הרוחני של התלמיד - תוצאות ממשיות רבות אסון! לפעמים אין היא נראית בטווח הקרוב, אך היא חדורה עמוק עמוק בתוך נפשו של התלמיד, ובטווח הרחוק, במוקדם או במאוחר, היא תתפרץ במלוא העוצמה. כך שבהחלט ניתן לקבוע על שיטה זו שיצא שכרה בהפסדה.

וכמה היבטים לדבר:

1) נכון להיום המצב הוא שהרעל כבר חדר ופשט גם בקרב חוגי החרדים לדבר ה'. אין צורך שהילד יתחבר לחברים מהרחוב, כאשר אצל חבריו לספסל הלימודים נמצאים כיום כל דבר האסור. אם כך נשאלת השאלה מה מנסים להסתיר כאשר החושך כפול ומכופל "ווארפט זיך אין די אויגען"?!

2) הילד מאבד את הביטחון עצמי (חיסון מספר אחד לנפש הצעיר!). בלבו הוא חושב ש"משהו לא בסדר איתי", שהרי לעולם לא הטריחו להסביר לו את האור והזוהר של התורה והמצוות. מה שהילד שמע כל היום היה - שעוה"ז הוא דבר האסור, הבל הבלים וכו'. קביעה שלאו דווקא שהתלמיד יסכים עם הוריו בכך. מאידך, התוצאות מהעדר בטחון עצמי - מיותר להסביר לכל מתחיל בחינוך מהן.

3) הפער העצום בין ילדים שהוריהם הם מהדור הישן - מראה בעליל על ליקוי, העדר תקשורת והבנה בין שני עולמות הפכיים. פער שמעולם לא הביא לתוצאות חיוביות.

4) יתירה מזו: למרבה הצער והבושה, מספר הנושרים של הדור הצעיר הולך ומתרבה מיום ליום. אלה גדלים עם קנאה ושנאה פרועה לכל עלה נידף הנושב מכרם היהדות והחסידות. תופעה זו קיימת בעיקר אצל תלמידים שבאים מבתים שרוח שלילי נושבת בהם. הילד לא מוצא מבוקשו ולבסוף מפנה עורף. לאידך - ילדים שבאים מבתים שרוח המקום והבריות נוחה מהם - גם אם הם אינם מקור לנחת, לפחות הם הולכים בתלם מסוים, ולא עושים דברים בכדי להכעיס. הדבר אומר דרשני.

5) מניעה בפועל אין בכוחה לשלול את התשוקה הפנימית. כך שע"י מניעה בלבד לא נגיע לתוצאות הצפויות.

6) ההיפך הוא הנכון: מניעה בפועל, כאשר הדבר אינו נובע מהכרה פנימית והזדהות, רק מגדילה את הצימאון והתשוקה למה שחבריו נהנים מהם.

7) עיקרון דומה: למרות שמחנכיו השתדלו והצליחו להסתיר מהילד הוויות דהאי עלמא - בסופו של דבר יבוא יום והילד יצטרך לצאת לרחובה של רומי, כאשר להפתעתו הוא יגלה את 'ארץ הזהב', מבלי שהילד יהיה מוכן לכך. להפתעה זו תהיה עוצמה שלילית יותר חזקה מאשר באם הילד היה מודע לבעיה ולמד איך להתמודד איתה.

8) שאלת השאלה היא: איזה חיסון הילד קיבל נגד תופעות אלו בכל שנות שהותו בבית הספר ובישיבה, ואיך מצפים מילֶד להתמודד עם בעיות שמעולם לא דיברו אתו ע"כ?!

בסוף פסוק נשאלת השאלה: מה הרווח מחינוך כזה כאשר מיטב הסיכויים הם שיצא שכרו בהפסדו?!

ה. לא בכדי פסק ה"נשר הגדול" שהדרך הישרה והנכונה היא הדרך הממוצעת. לא מדובר בפשרה, אלא בדרך ישרה וסלולה שהיא ממוצע:

ככלל: אין כל עוררין שתרופת הפלא של דורנו (דווקא בגלל "ירידת הדורות") היא חינוך על טהרת הקודש כימים ימימה: לחנכו ולהחדיר בו שהתורה ומצוותיה היא חיינו ממש, לתבוע ממנו לעמול להתייגע בלימוד התורה, להתפלל כמו חסיד של פעם, כשבבית הספר האווירה חסידית למופת, ובמקביל ישנה

משמעת חזקה לצד אמצעי ענישה חזקים, מבלי לוותר על קוצו של יו"ד (כאשר רואים בעליל התוצאות ההרסניות של וויתורים). וכזית "כשכותשים אותו מוציא שמנו" - הרי דווקא ע"י חינוך אמיתי ראוי לשמו ישנו סיכוי שיגדל לפחות כמו שצריך להיות. ואז וטוב לו גם בגשמיות וגם ברוחניות.

לאידך, היות שהילדים של דורנו לע"ע אינם מוכשרים לחינוך של דור העבר - היעד צריך להיות שבו בזמן כשמעלים את רמת התלמידים שיהיו ראויים ומוכשרים לקבל את האור של התורה ומצוותיה בכל הדרה חיווה - יש לחפש לבושים מתאימים במה להלביש את גילוי האור וכך להגישו לתלמיד.

ומהכלל אל הפרט:

ו. לכל לראש יש למנוע ולהוריד את מחיצת הברזל והפער הקיים בין הדור הקודם. ולכך כמה דרכים (על קצה המזלג בלבד):

1) עיקר ההשפעה על הדור הצעיר היא בעיקר ע"י "דוגמא חיה" השווה יותר מאלף מילים.

2) הדגש חייב להיות ע"י שנתפסים לדברים החיוביים, ולבנות את המקבל מנקודות אלו, ולהשאיר את השלילה לזמנים יותר בטוחים.

3) אין לתבוע בצורה ישירה, לדחוף, לאיים, לנתק קשרים וכדומה. אלא לעורר בדרכים עקיפות.

4) מה שכן חייבים לומר בצורה ישירה - יש לומר בסגנון דיפלומטי, להציע, לעודד, לקרב.

5) ידוע פתגם הבעש"ט שבאם אומרים מוסר, חייבים לעשות קודם טובה בגשמיות. כדי שהמקבל ידע וירגיש שהנך אוהב אותו באמת (כלומר: תעשה את הטובה באמת ובכנות, לא רק כדי לקבל את הרישיון לומר מוסר...) ואז בטוח שהדברים יתקבלו. כלל זה הינו היסוד והגישה איך לדבר עם הדור שלנו - להשפיע עליהם אהבה בלתי מוגבלת, ואז חזקה שהדברים התקבלו!

6) על המחונך לדעת שמבינים רחשי ליבו: עובדה ידועה היא שחלק נכבד מהבעיה היא ניתוק מוחלט בין הדור הישן נושן לדור הצעיר והמתורבת. לפעמים נדמה שפשוט לא קיים בעולם גשר שיוכל לגשר ביניהם. הללו חושבים שההורים חיים בעולם הדמיון מבלי להיות מודעים להתפתחות העולם והטכנולוגיה המודרנית. כך שההורים אינם מבינים את יצרם או רחשי ליבם, וקשה להם למלא משאלות לבבם.

ולכן, חובת ההורים להראות לילד שמבינים את אשר על ליבו, ודורשים אך ורק טובתו ושלומו.

7) כאשר תלמיד שליבו ער למתרחש בעולם הרחב, רואה את הוריו ומחנכיו חיים על הקרקע עם שתי הרגליים, כאשר בו בזמן, חייהם האמיתיים הינם בדרך התורה ומצוותיה - התלמיד רוחש כלפיהם אהבה, יחס של כבוד והערצה, והתוצאה היא: אמונה בצדקת הדרך והליכה בעקבותיהם.

בדוק ומנוסה שרבים מבני הדור הצעיר ירחשו יותר כבוד וגם הערצה לאברך בעל עסק, שלמרות טרדותיו הוא מתנהג כמו חסיד אמיתי, מאשר משפיע שמעולם לא דרכה רגלו על אדמת רחובה של רומי. הציור של אברך שממהר לעסקיו החושב חסידות לפני התפלה - אומר הרבה יותר מיושב אוהל. למרות שאין זה השפעה של "אור ישר". אך כאשר המעשה בפועל דורש זאת - אין מנוס מלהשתמש גם בתרופה של "אור חוזר".

8) אותו עיקרון קיים גם כאשר מוסד חינוכי כולו אומר כבוד והדר - אצל תלמידים מסוימים דווקא זה מעורר יחס של כבוד והערצה כלפי המוסד ומה שהוא מייצג.

ז. מהשלילה אל החיוב: בנוי על הרעיון ההלכתי של תשובת המשקל - הרי שלהעדר חיות והתעניינות בתורה ומצוותיה הפתרון הוא - להחדיר בילד חיות וגעשמאק לכל עניני תורה ומצוותיה. להפוך את התורה ומצוותיה, המוסד וכל השייך לזה - לעניין חי ותוסס.

ומהכלל אל הפרט - לכך כמה רעיונות טובים ומועילים:

1) המוסד על כל סניפיו, המחנך, ההורים, והמנהל, וכו' - צריכים להיות דבר חי הנושא את עצמו, תוסס ומוחשי.

עובדות אלו מלמדות את התלמיד כמה יסודות ביהדות:

1. התלמיד רואה שיש כאן דבר אמיתי שיש לכבדו, להעריצו וללכת בעקבותיו.
2. גאון יעקב זה, מגלה אצל התלמיד כוחות נעלמים ונסתרים במישור הגאווה היהודית, פריט מרכזי הנחוץ לתלמידים מסוג זה. לא רק כפרט, אלא כיסוד חזק ואיתן לדברים יסודיים ובסיסיים ביהדות. זהו פרט שהינו כלל גדול בתורה!

2) תוכנית לימודים מעניינת ומושכת הופכת את השהייה בביה"ס, בלימודים ובתורה ומצוות בכלל, לדבר אמיתי, חי, תוסס ומהנה, שגם הגוף יכול ליהנות מכך. לימוד התורה מתוך תענוג וכו' - משפיע על התלמיד לא רק בלימודים; אלא על כללות שמירת וקיום התורה ומצוותיה!

תוכנית לימודים מעניינת חשובה לא רק בגלל הצורך להפוך את הלימודים לדבר מושך, אלא גם כמטרה שהילד יספוג בפנימית ההכרה והחדרה עצמית בעצם המהות של תורה ויהדות: עובדה בדוקה ומנוסה היא שת"ל מעניין הפך תלמידים רבים ואת השקפת עולמם כאחד, מן הקצה אל הקצה ההפכי. כך שהשקעה בתחום זה חיונית והיא לא רק עבור הלימודים עצמם, אלא גם בהכרעת התלמיד וצעדיו בכיוון הנכון, לאורך ימים ושנים טובות. וראה בארוכה שער תשיעי.

3) מבצעים, תחרויות וכדומה, על הצטיינות בלימודים, או משימות שהתלמידים מבצעים בבית - הופכים את הלימודים והשהייה בביה"ס לדבר מעניין ומושך.

הדבר נוגע במיוחד לתלמידים צעירים, אך גם למבוגרים הדבר נחוץ כלחם צר ומים.

4) גם הפרס חייב להיות תרופה מועילה: לילדים כמו גם מבוגרים וזקנים יש תענוג בטיול מהנה. נדמה שהפרס הכי גדול לילד הוא טיול (וכי מה לא יעשה הילד שלא יצטרך ללמוד ולו יום נוסף).

העובדה שרוב הפרסים (אם כי לא כולם, ועל כל דבר) הם טיול וחוויה מעניינת – עבור התלמיד הינם משמעותיים וחיוניים לטווח הארוך וקרוב כאחד: בטווח הקרוב הילד יושב ולומד, מתייגע על החומר, וגם מקבל ציונים טובים. למרות שהינו 'שלא לשמה' - אעפ"כ העובדות הן הקובעות. התוצאות לטווח הרחוק: כתוצאה מהמבחן התלמיד יראה שהלימודים הם מעניינים. התלמיד גם יעריך נכון את כישרונותיו שלו, כעת הוא ידע שעם קצת עמל ויגיעה הוא מסוגל להגיע לאן שהוא הגיע. והתוצאות החיוביות להמשך - אין צורך לבאר.

ח. עיקר ההשפעה על הדור החדש היא - השפעה פנימית:

שאיפת המחנך צ"ל לא שהוא יצטרך להגיד מוסר בכל צורה שהיא. אלא להגיע לנקודת הבעיה, להמטרה אליה כל מחנך צריך לשאוף בכל שלב ועבודה בחינוך: שהמחונך עצמו ידע וירגיש וירצה את האור והנועם שבתורה ובמצוות.

מעיקר הדרכים להגיע לכך הן - לימוד! לימוד יסודי ומעמיק על האור והזוהר של התורה ומצוותיה. בעיקר ע"י לימוד בנושאים שבכוחם לשנות השקפת עולמו של האדם, ולהעמיד את המחונך בכוחות עצמו. וזהו החוסן היחידי האמיתי והפנימי!

ט. לסיכום ייאמר: ברור מעל לכל ספק שהדרך הישרה היא להחדיר בתלמיד חיים האמיתיים של תורה ומצוות. וזוהי הדרך היחידה לוודא המשך שלשלת של תורה ומצוות מתוך חיות ואהבה.

יש לוודא שהתלמיד יהיה כלי מוכן לקבל את האור באופן ברור ובהיר. וזה ע"י אחד האופנים האמורים לעיל שתוכנם ומטרתן זהה - הפיכת התורה ומצוותיה לחייו האמיתיים של התלמיד!

אכן לא תמיד נראות התוצאות מיד. אך במוקדם או במאוחר ההשקעה תשיג את מטרתה.

ערך שלישי

חינוך, מהותו ויעדיו (א')

ערך שלישי

חינוך - מהותו ויעדיו (א')

א. המילה חינוך הפכה להיות רב שימושית ומושג בין-לאומי. מרוב השימוש במילה, עלולים לפעמים לשכוח שלמילה חשובה זו תוכן, משמעות, עמקות, וערך רב עוצמה. המילה לכשעצמה תובעת הרבה, ולה יעד אליה חייב המשתמש בכתר זה לשאוף להגיע.

בניגוד לדעה המקובלת, קיים הבדל תהומי ומהותי בין מלמד למחנך. ברור שחייב להיות מיזוג בין התפקידים ומהותם. אך ההבדל במילים ותוכנם קיים.

ב. תפקיד המלמד הוא ללמד את התלמיד את החומר הנלמד בטוב טעם ודעת, ולוודא שהתלמיד אכן יודע היטב את החומר, ומסוגל לחזור על דברי הרב.

למרות שמדובר במלמד מעולה וגם בתלמיד ממולח - אין הוא מבטא עדיין את שלימות הלימוד: א) הבנת התלמיד מוגבלת לפי כשרונותיו הוא. ב) התלמיד אכן מסוגל להבין את דברי הרב. אך ללמוד בכוח עצמו אין הוא מסוגל עדיין.

שני חסרונות אלו קשורים זה בזה - היות שהתלמיד מבין לפי כשרונותיו הוא, לכן אין הוא מסוגל עדיין ללמוד ולהבין זאת בעצמו.

מחנך לעומת זאת, אינו מסתפק בלימוד. הוא מקנה לתלמיד בנוסף לחומר עצמו גם את כלי הלימוד. לא רק <u>מה</u> לומדים אלא גם <u>איך</u> לומדים. ע"ד דוגמא: בלימוד הגמרא, אין הוא מלמדו רק הגמרא ורש"י ופירוש תוספות על הגמרא. הוא גם מסביר למה תוספות חולק על רש"י, ומה מענה וסברת רש"י ע"כ וכו'. מחלוקות בין שני תנאים ואמוראים איננה מחלוקות יבשה גרידא - אלא ניגוד עקרוני, וקו מחשבה המוביל ללמוד בצורה כזו או אחרת את הסוגיא. המלמד מסביר לתלמיד את המסתתר מאחורי הפשט הפשוט הנראה לעין.

כתוצאה מדרך לימוד זה - אחרי משך זמן התלמיד מסוגל אף הוא ללמוד בכוחות עצמו, שהרי כלי העבודה בידו.

ג. עיקרון יסודי זה תוקפו לא רק בלימוד ובהדרכה לצורת הלימוד. אלא גם כאשר מדובר בחינוך במובן המקובל - חינוך למידות טובות, יר"ש, חסידות ודרכיה - קיימים כאן שני סוגי וקווי עבודה, כאשר ההבדל ביניהם תהומי ומהותי:

ד. האדם כולל בתוכו כוחות נפש שונים ומורכבים: מידות, רצון ותענוג, כוחות פנימיים וכוחות מקיפים.

האדם פרא יולד. כל כוח ומידה דורשים טיפול שונה מחברו. המוח את המגיע לו, וללב כמובן מדברים בשפה אחרת מאשר למוח. ולשפר ולשנות כוח התענוג נדרשת עבודה מיוחדת.

הנושא מוסבר באריכות הן בספרי חסידות, מוסר, ולהבדיל גם בתורת הפילוסופיה. מפליא לעיין בספרי עזר המתרכזים סביב פיתוח כישרונות הילד, הן כוחות פיזיים והן כוחות נפשיים, בכדי להבין שכל כוח וכשרון דורשים תשומת לב מיוחדת המגיעות להם, ורק להם.

ישנן הרבה דוגמאות לכך. נביא כאן אחדים מהם:

1. ילד שיש לו ראש גאוני, וזיכרון פנומנאלי – זו אכן מתנה. מאידך, יש לילד שכזה קשיים בכושר הארגון. הילד אינו זקוק לעזרה בלימוד משניות. אך על הילד להתרגל לקשר בין הוראות המוח לכישרונות המעשיים. תורת ריפוי בעיסוק, היא דוגמא מובהקת לשלימות במוח ופגם בכושר הארגון.

2. רואים אנו בעליל שישנם בני אדם שהם שלימים בתומ"צ, ומאידך כשמגיעים ליחסים בין-אנושיים, עסקים וכו' - האמת מהם והלאה. הם מתגלים כהכי ערמומיים שקיימים תחת שמי הארץ. תופעה זו רואים כאן בעולם החיצון: ישנם אנשים אינטליגנטים בעלי חשבונות בנקים מנופחים, חלק מהם אף נקראים לורדים, אדוני הארץ, יושבים על הגה השלטון וכדומה - אך הצדק והיושר מהם והלאה. ישנם אף כאלה שרשעות מוחלטת בוערת בלבם. אך אצל חלק גדול מהם, הסיבה נעוצה בכך שהם פשוט לא חונכו ביחסי אנוש נאותים, לסבלנות, וותרנות, גמישות וכדומה. הם לא רואים כל חסרון בהתנהגותם. הם מעולם לא למדו נושאים אלו, הדורשים לימוד, עיון ובירור. ומלימוד ש"ס ופוסקים, גם אם מדובר בסיני ועוקר הרים או גאון במתמטיקה - מידותיו לא יבואו על תיקונן, ועובדה היא שבאם רק יפקחו עיניהם וכו' – הרי שהם ישנו את הנהגתם.

לימוד לחוד, ועבודה על המידות לחוד!

ישנן עוד הרבה דוגמאות לכך. הנקודה העקרונית היא שבעבודת החינוך, הן אצל ילד וגם אצל מבוגר, כל כוח וכשרון דורש את המגיע לו.

ה. חינוך מטרתו חינוך ושינוי. תפקיד המחנך הוא לרדת לנבכי נפשו של התלמיד, למיין כל בעיה בפ"ע, לקחת את הגולם ולהפכו לכלי מושלם ומעולה.

עבודה זו כוללת בתוכה כמה פרטים:

א) לכל לראש, על המחנך להעריך היטב את מצבו של התלמיד. לא רק את הכישרונות הגלויים (דוגמת התעודות הרשמיות של בתי הספר המבטאים רק את החיצוניות, ולא את מהותו ועצמותו האמיתית), אלא להעריך את מהותו האמיתית והפנימית של התלמיד.

הערכת מצבו האמיתי של התלמיד יכולה להיות רק כאשר חודרים לפני ולפנים. לקמן (שער אחד עשר, ערך חמישי) מוצג טופס ובו פירוט שאלות המבטאות את מצבו הפנימי של התלמיד. א"א להכיר הכרה אמיתית רק ע"י ידיעה יסודית ב<u>כל פרט</u> המוצג בטופס הזה.

עבודה זו דורשת לכל לראש, תכנון דקדני ומפורט.

רק אחרי שהמחנך מכיר היטב את מצב התלמיד - הוא יכול להיערך להתחיל לעבוד על התלמיד באמת ובתמים, ועל כל פרט ופרט! חינוך שישנה מן היסוד את התלמיד ויעמידו על דרך הנכונה, דרך האמת ודרך המלך!

ב) עבודה בצורה מסודרת: לתקן כל פרט בנפרד מהשני. על מידת הכעס בנפרד ממידת השקר או הגאווה. כל בעיה ופתרונה. טיפול לא נכון למידות השונות, בדומה לתרופה מצויינת שלא למכאוב הנכון!

ג) עבודה אמיתית דורשת גם עקביות: לעקוב אחר שינוי אמיתי ויסודי בהנהגת התלמיד! א"א לחנך את התלמיד כאשר אין המשך להשקעה. על המחנך לדעת בצורה הברורה ביותר שאכן ישנה התקדמות ממשית בהנהגת התלמיד, ובאיזה פרט. והאם השיפור הוא עקב הכרה פנימית, או שזו התעוררות זמנית בבחינת 'כחלום יעוף'...

ד) המעקב צ"ל דווקא בכתב, המחייב בירור כל פרט. לכן, העדר מעקב כתוב, הינה עילה טובה להזנחת או שכחת הפרט. כך שכתיבת דו"ח - הינה חובה!

ה) אחת הדרכים היעילות ביותר לשינוי מהותי בנפשו של הילד היא - לימוד. לימוד יסודי בדבר הדורש תיקון ושיפור. בכוחו של לימוד ושינון לשנות מהות האדם עד לבלי הכר! שטיפת מוח אמיתית ויסודית היא רק ע"י לימוד שמשנה כיוון מחשבה של אדם, מידותיו וכו'. יתירה מזו: לא רק לימוד בעלמא, אלא לימוד הגורם לחקיקה, שינוי מהותי אצל אדם הלומד. עד שהדבר נהפך להיות דם מדמו ובשר מבשרו. יתירה מזו: מוסבר ששלמות התלמיד היא כאשר הוא מגיע למצב ששכלו נהפך להיות כשכל הרב - חושב כמו רבו ומנהל חייו כרצון רבו! כך שאין לו צורך לשאול את דעת רבו על כל צעד ושעל, הוא יודע לבד דעת רבו בכל נושא.

כך שעל המלמד לוודא ללמוד ולעבור על כל הנושאים הדורשים תיקון ובירור אצל ילדים צעירים בכלל, והתלמידים שלו במיוחד. חודש על אהבת ישראל, חודש שני – על ביטחון עצמי, חודש שלישי על מידת אמת ליעקב וכו'.

על התלמיד להכיר בשורש הבעיה ולקבל את הכלים הנכונים איך להתמודד איתה.

כאשר לומדים, יש ללמוד את הנושא מכל זווית ראיה אפשרית: הנושא, מדרש, פרקטי, משל, מוסר וחסידות, ועד למעשה רב! כך תופסים את הנושא מכל זווית ראיה אפשרית!

יש ללמוד את הנושא זמן רב (יחסית), כך שהתלמיד יוכל לחיות עם הנושא לזמן ממושך. כך שגם בלילות וברחוב ייפלו לו "מחשבות זרות".

עבודת בית וחומר למחשבה בזמנים חופשיים ופנויים הוא דבר רצוי ונכון, שרק יכול לחזק ולבסס את נושא הנלמד.

ו) בלימוד עצמו חייבת להיות גישה מהפכנית לדרך הלימוד:

לדוגמא בלימוד חסידות, מוסר, השקפה וכדומה: משפיע שאופן השפעתו היא כמו המלמד - מלמד את הנושא, מסבירו בטוב טעם ודעת, ויתכן גם שהשיעור מרגש ונוגע ללב. כך התלמיד מבין את הנושא על בוריו. אך למעשה:

1. נדמה שממנו ולמעשה בפועל הדרך רחוקה. הנושא נשאר בגדר פילוסופיה יפה, ותו לא.
2. מי ערב לנו שהתלמיד מבין שהכוונה אליו דווקא?
3. התלמיד נשאר במעמדו ומצבו הוא, כאשר על כל צעד ושעל הוא זקוק לעצת והדרכת המשפיע.
4. לטווח ארוך לא נשאר שום רושם מהלימוד וההדרכה.

סיבת הדבר נעוצה באופן הלימוד - לומדים מבלי לקשר את הלימוד עם המעשה בפועל. ובוודאי שאין השקעה מיוחדת בכדי שיהיו תוצאות לטווח ארוך.

לעומתו מחנך - מלכתחילה נוקט בגישה אחרת לגמרי:

1. כל נושא מתורגם למעשה בפועל.
2. מחנך מדבר אל התלמיד באופן אישי, יורד אל נבכי נפשו של התלמיד, בעיותיו כשרונותיו ותכונות נפשו נלמדים ומתועדים בהתאם. ולדוגמא: באם ידוע לו שהתלמיד סובל מקשיים עצומים בביתו -

הוא יבחר ללמוד על ניסיונות והדרך להתגבר עליהם. באם המושפע סובל מאנרגיה מיותרת - המחנך ילמד את המושג – 'מוח שליט על הלב'. וכן הלאה.

3. מחנך שם דגש ויעד להעמיד את התלמיד על רגליו, שיוכל לעמוד איתן בכוחות עצמו. מבלי הצורך להתייעץ עם המשפיע על כל בעיה גדולה וקטנה.
4. מחנך שם דגש מיוחד לא רק על מעמדו ומצבו הנוכחי, אלא איך שהתלמיד ייראה לכשיצא מחוץ לכותלי המוסד - מה הוא החוסן הנפשי האמיתי לתלמיד, הדחף האמיתי להמשיך בכיוון הנכון, ולהתגבר על הריבוי מניעות ועיכובים ומכשולים לאין ספור גם כשייצא לעולם הגדול.

גישה חינוכית זו הינה לא רק כאשר מדובר בתלמידים בוגרים השייכים יותר לכלל 'ובחרת בחיים'. אלא גם כאשר מדובר בתינוק המתחיל לדבר - אביו חייב ללמדו כלל גדול זה. אם כי מדובר בשפה ובסגנון אחרים לגמרי, אך הכוונה הפנימית והיעד שייכים בכל גיל ובכל מצב.

[חשוב להבהיר: עיקרון יסודי זה אינו בסתירה לחיוב של 'עשה לך רב': עשה לך רב אינו אומר שעל התלמיד להתייעץ עם המשפיע על כל דבר קטן כגדול. אין זה הגיוני ופרקטי, ועל התלמיד לדעת בעצמו איך להתנהג.

עם משפיע מתייעצים ב: א) על הנחיות כלליות, ועניינים כלליים. כגון: על מה לשים דגש חזק בעבודה בתקופה זו או אחרת, ובגמר תקופה - התלמיד מגיע לייעוץ חוזר. תפקידו של המשפיע הוא לתת לתלמיד קו מנחה. אך לא על כל בעיות גדולות וקטנות שמתעוררות על כל צעד ושעל. ב) הייעוץ צריך להיות מזמן לזמן, ולא על כל צעד ושעל.

חשוב גם להוסיף: בתחילת הקשר עם המושפע אכן כדאי שהמשפיע יעודד את התלמיד לבוא אליו לעתים תכופות ביותר. הדבר יש בו משום תועלת הן לתלמיד והן למשפיע - שהרי מתוך כך יבוא לידי הכרה טובה ואמיתית עם התלמיד. אך זה יוצא מהכלל. כאשר הכלל הוא כנ"ל].

ו. סיכום הדברים: תכלית המחנך הוא: 1. לגרום אצל התלמיד שינוי מהותי. 2. להעמיד את התלמיד על הרגליים, שהוא יעמוד על דעת עצמו מבלי הצורך לקבל את תמיכת המשפיע על כל צעד. וזאת ע"י הענקת הכלים המתאימים המוסברים לעיל.

ז. גישה חינוכית ויסודית זו הינה לא רק נחלת המלמד והמחנך, אלא גם של המוסד והמערכת כולה. החל מגן ילדים וכלה בבי"ס תיכון:

א) על המנהל לסדר את תוכנית הלימודים ואופי החינוך של המוסד בהתאם למוסבר לעיל. חודש על מידות הכעס וחודש על אהבת ישראל, וכן הלאה. וכך יודעים בוודאות שכל ילד לפחות לומד על נושאים אלו. בנוסף לכך כמובן יש לוודא שהנ"ל מתבצע הלכה למעשה.

ב) על המנהל להקדיש זמן בסדר יומו ללימודים אלו.

ג) על המנהל להדגיש ולהבליט נושא זה באסיפות עם הצוות וכדומה.

ד) חובת המנהל לדבר עם התלמידים, בפומבי או באופן אישי בסגנון הנ"ל.

ח. למרבה הצער מוסדות חינוך כיום אינם נותנים תשובה הולמת לבעיות חינוכיות בכלל, ופתרון אמיתי לבעיות החינוך של דורנו במיוחד:

העדר תוכנית חינוכית: בסדר היום לא מוקצב שום זמן לחינוך, לימוד על מידות טובות, דרך בחיים וכו'. מצפים שהדבר יקרה מעצמו. בלי השקעה ובלי הקדשת זמן.

עולם הישיבות מסודר כך שרוב הלימוד הוא בגמו"פ, לימוד סמיכה וכו'. הבחור יוצא מהישיבה היישר אל החופה, ומשם ממשיך לימודיו בכולל, ומשם הוא צונח אל העולם הגדול שהרשעים גוברים בו וכו'. ההבדל בין האידיאולוגיה של הבחור למה שהוא מוצא במציאות הינו תהומי והתוצאות בהתאם. הדבר בא לידי ביטוי בעיקר בהעדר ידיעה במה שקורה בעולם; ידיעה מינימלית ביחסים בין איש לאישתו, מקצוע, יחסים בין אדם לחבירו ועוד. התוצאה: אברך אבוד לגמרי בעולם הגדול - הן בגשמיות והן ברוחניות.

ט. לסיכום יש לומר בוודאות מוחלטת: בזמנינו אלו, הביטוח היחידי שילד יגדל במינימום שבמינימום לאברך יהודי וחסידי, הינו אך ורק ע"י חינוך פנימי ואמיתי!

ערך רביעי

חינוך, מהותו ויעדיו (ב')

ערך רביעי

חינוך - מהותו ויעדיו (ב')

א. שלמה המלך, החכם מכל אדם, אמר אחכמה והיא רחוקה. זאת אומרת שכמה שמתעמקים בכוונה הפנימית וברצון הבורא, מגלים שאנו רק מתרחקים מלהגיע לידי הבנה. התורה הינו "ארוכה מארץ מידה ורחבה מיני ים".

הבלי גבול של התורה בא לידי ביטוי הן בכמות - חכמה שאין לה סוף - עוצמה בלתי מוגבלת ועומק בלתי נתפס.

האין סוף של תורה בא לידי ביטוי מקסימאלי בחלק הדרוש והנסתר של התורה: ככל שמעיינים יותר בספרי הסוד, הכוללים זוהר, מורה נבוכים, אור החיים הקדוש, של"ה הקדוש, דרושי המהר"ל מפראג, ספרי חסידות ועוד, אנו מגלים דברים מדהימים וגם מזעזעים. מתגלה לנו עולם אחר לחלוטין מהעולם הנגלה והנראה.

עומק הדבר בא לידי ביטוי בכמה תחומים ומישורים. נתעכב על עיקרון אחד, מהיסודות העמוקים ביותר בתורת החסידות. בעידן זה שאותותינו לא ראינו, הוא מהווה יסוד <u>ה</u>יסודות בסוד תורת החינוך שאי אפשר בלעדיו.

ב. ידוע ומפורסם לכל שקיימים שתי גישות שונות בעבודת השם בכלל ובכל הנוגע להתקשרות של חסיד אל רבו בפרט.

גישה אחת מבוססת בעיקר על האמונה בלבד בבורא עולם ומנהיגו, שגילה את סודו לעבדיו הנביאים המנהיגים וצדיקי הדור.

הגישה השניה, היותר עמוקה, מבליטה <u>גם</u> את ההבנה והשגה. אלו חוזרים ומזכירים כי באמונה לבדה לא סגי. שהרי אמונה הינה מקיפת בלבד, ואינה בהכרח משפיעה על הנהגת האדם. אדרבה, מאמונה והשפעה חיצונית בלבד אפשר לבוא לידי תוצאות הפכיות. כלומר, אדם יכול להיות מאמין, ובחדא מחתא לנהוג בצורה הפוכה מאמונתו. כהוכחה לכך מביאים את דברי הגמ' "גנבא אפום מחתרתא רחמנא קריא". הגנב מבקש את עזרתו של הקב"ה במעשה הגניבה. הרי שלמרות האמונה, שהרי אם אינו מאמין מדוע מתפלל, עובר הוא על רצון ה'.

בכדי שהאמונה תחזיק מעמד, ובעיקר, על מנת שיבואו ממנה תוצאות <u>ממשיות</u> בשטח - מוכרח <u>שעם</u> האמונה המקיפה תהיה התבוננות <u>והבנה והשגה,</u> שאז הדברים נקלטים בפנימית (דווקא השכל הוא כלי להחדיר בפנימיות את מה שלמעלה ממנו, עד כדי התאחדות עם הדבר שבו מאמינים ומתבוננים). ה"בכן" הוא - יישום הדברים במעשה בפועל בהתאם לאמונה. ובסגנון תורת הסוד: ליישם את ה"מקיף" ב"פנימיות".

יוצא איפוא שהפועל היוצא מעבודה באמונה לבדה הוא חיצוני. ואילו עבודה שבאה עקב עבודה מכוח הבנה והשגה היא עבודה פנימית (להלן "פנימיות", "פנימי". ו"חיצוניות", "חיצון").

ג. להבדל עקרוני זה יש השלכה בסוג ובאיכות העבודה:

פתגם חסידי קצרצר אומר: "ישנם כאלו שחושבים שבזה שהם יורקים בעלינו לשבח הם נעשים לחסידים". ביטוי זה יש בו ללמדנו כלל גדול על ההשקפה החסידית על משמעותה של עבודה פנימית אליה אנו מחוייבים לשאוף להגיע.

ישנם מנהגים השייכים לעדת חסידים והשייכים אליהם, ולבוש המזוהה עם חוג זו או אחר.

אך האם יעלה על הדעת לחשוב שמנהגים אלו הם כל מהותה של תורת החסידות, ומה שרבותינו נשיאינו תובעים מכאו"א מאיתנו?!

ברור, שתורת החסידות הינה מה שרבותינו גילו לנו ברבבות אלפי מאמרים ודרושים, בהם תבעו מאיתנו הליכה בדרכי החסידות, עם כל הקשור בזה. אלא שאלה הנמנים על עדת חסידים והולכים בעקבותיהם מקפידים <u>גם</u> על מנהגים אלו. אך אל לנו לערבב מושגי מנהגים ולבוש, חשובים ככל שיהיו, עם תורת החסידות והשייך לזה.

אותו עקרון, ובעומק יותר קיים גם בתורת החסידות והליכה בדרכי החסידות גופא: כל בן חמש למקרא יודע שהתביעות והדרישות של תורה וחסידות הן ללא סוף ממש. לא רק בכמות וריבוי העבודה, אלא בעיקר באיכות העבודה, בעומק לפנים מעומק. ולהיות חסיד <u>אמיתי</u>, כפי רצונם <u>הפנימי</u> של רבותינו נשיאינו - אין זו משימה קלה (בלשון המעטה) כל עיקר. גם אם חסיד ישתדל כל ימיו עלי אדמות להגיע <u>לשלמות</u> כל שהיא - ספק גדול אם הוא יצליח בכך! וזאת מבלי לקרר ח"ו את הציווי שעל כל יהודי להשתדל להגיע לשלמות המקסימאלית, בכמות ובאיכות, בכל עניני תומ"צ.

היות שחסידות דורשת עבודה פנימית דווקא - על כל חסיד לדעת להבדיל בין העיקר והטפל, בין חיצוניות ומקיף לפנימיות:

ההבדל בין העבודה של פנימי וחיצון הוא בעומק העבודה: בשעה שהחיצון כל פעולתו מסתיימת בעצם הפעולה - הפנימי לעומתו, בפעולת העשייה שלו חדור חיות וכוונה פנימית. הפנימי מטבעו חודר אל תוך תוכו של כל דבר. בסגנון אחר: הפנימי מחפש וממקד את כוחות נפשו ועבודתו סביב עבודות שישנו את עצם מהותו. הפיכת היש שלו, לדרגא של ביטול הרצונות. לעומתו, החיצון יבחר לעצמו עבודה שאין להם ולשינוי מהותו ולא כלום.

ע"ד דוגמא במצוות הצדקה: הפנימי, עצם פעולת העשיה שלו היא תוצאה מההכרה האמיתית שלא מדובר בכסף שלו, וכל מגמת נפשו הינו עשיית טובה לזולת מבלי לקבל לכך כל תמורה, וכהנה. הפנימי יעדיף נתינת צדקה דווקא במקום שהוא בטוח שלא תתערב בזה הישות שלו. ככלל: נתינת הצדקה גם היא לעבודה תחשב. לעומתו החיצון - למרות (שהוא לא נותן צדקה לקנות שם לעצמו. וכי בשופטני עסקינן? נתינתו הוא לשם שמים, וזה מתבטא בכך) שהוא מפזר הון רב לצדקה. אעפ"כ פעולתו מסתיימת בעצם העשיה, ואין בה שום תוכן פנימי ועמוק.

דוגמא אופיינית נוספת היא - במה נתפסים בזמנים של התעוררות להוספה בתומ"צ: הפנימי ההתעוררות מעורר אצלו זמן לעשיית חשבון נפש יסודי ומעמיק בחיפוש בנר הוי' חודר אל חדרי בטן. לגלות איה קבור העמלק שבקרבו. ודווקא בנקודות הכי נחיתות - שם הוא יתחיל עבודתו, ושיא הריכוז בעבודתו. לעומתו החיצון - עלול לבטא ההתעוררות מלמעלה בהוספה בברכת הזן ומפרנס לכל. אכן פעולה טובה לכל הדעות. אך עם כל הרצון הטוב - הנפש הבהמית שלו תישאר כמקודם.

ד. ההשלכה האמיתית של הפנימי מרחיקה לכת עד כדי התעצמות והתאחדות בין אדם העובד והפעולה אותה הוא מבצע (דבר שיש לכך הבדל לאורך הזמן בו ההתעוררות נמשכת): בביצוע המעשי, החיצון והפנימי שווים. הם יכולים לעשות את אותם הדברים, מבלי שיהיה ניכר כל הבדל ביניהם: שניהם לומדים, שניהם מתפללים וכו'. אך בשעה שהפנימי מתאחד עם הדבר שעושה, עד שזה נעשה כל מציאותו ומהותו וחייו ממש - הרי שאצל החיצון הוא ופעולתיו נשארים שני דברים שונים לחלוטין, התומ"צ לא נהפכו להיות מציאותו האמיתית.

אחד האופנים לבחון אם הנהגה מסויימת נובעת מפנימיות או מחיצוניות היא, כאשר מאיזה סיבה שתהיה נבצרת ממנו העשייה: כאשר החיצון לא יכול ללמוד, כשאין לו ספרים (או דוגמא מחיי היום יום בחינוך תלמידים, כאשר תלמיד טוען שכואב לו הראש) - הוא ירגיע את מצפונו ויאמר "מה אפשר לעשות..." אך כאשר הפנימי לא יכול ללמוד, הוא מוטרד עד עומק נפשו, ונעשה "אויס מענטש". כי הוא ולימודו הם מציאות אחת, ואי אפשר להפריד ביניהם.

בסגנון אחר: היות שהאדם הפנימי עבודתו הופכת ומשנת את מציאותו ומהותו - עקב כך היא נהפכת לחייו ממש.

וזוהי המטרה של חינוך והדרכה - שתורה ומצוות יהפכו לחיי התלמיד.

ה. הבבואה של שתי גישות אלו ודרישת החסידות לעבודה פנימית - היא עוד תביעה עקרונית ויסודית - עבודה בכח עצמו:

הגישה הראשונה המתבססת על אמונה בלבד פירשו את הפסוק "וצדיק באמונתו יחיה" - "אל תקרי יחיה, אלא יחייה". כלומר: שהצדיק, ע"י אמונתו - ("יחייה"), מחייה את החסידים המקושרים אליו.

כלומר: חסיד הקשור לרבו, מתחזק באמונה טהורה ובעבודת השם; בא אל הצדיק, רואה ושומע את אמרותיו הטהורות, ועבודת הקודש שלו בעת סעודת שולחן שבת ובתפילותיו. הוא נכנס לחדרו לתת קוויטל ולקבל את ברכתו וכך הלאה. בהזדמנויות אלה הצדיק משפיע לחסיד לא רק עצה ונתינת כח לעבוד את עבודתו כדבעי, אלא יתירה מזו, הצדיק משפיע לחסיד גם את <u>האמונה וההתעוררות</u> לעבודת השם. מעתה כל המוטל על החסיד לעשות הוא ליישם זאת בפועל. וכאשר החסיד חוזר לביתו ולעסקיו הגשמיים, הוא חי את ה'התעוררות' שהצדיק העניק לו.

לעומתם הדוגל בגישה השנייה הדורשת עבודה בכוחות פנימיים יודע, שעל מנת להתחזק באמונה ובעבודת השם בכלל - על החסיד להתייגע בכוחות עצמו:

גם כאשר החסיד מגיע אל הרבי, שומע אמרותיו הקדושות, או כאשר הוא מקבל מכתב מהרבי, רואה את הרבי בתפילות ובהזדמנויות שונות, ועד שזוכה להיכנס ל"יחידות", הרי לאחר כל זה, מה שהרבי משפיע לחסיד הוא עצה והדרכה, נתינת כח וסיוע ותו לא. אך את ההתחזקות באמונה, ההתעוררות לעבודת השם, ובוודאי שאת העבודה עצמה - <u>על החסיד להגיע לכך</u> ע"י <u>יגיעה עצמית</u>. עליו ללמוד את התורה שזה עתה שמע מהרבי פעם אחר פעם, עד שהעניין יחדור בפנימיותו. עליו להתבונן בדברי רבו שוב ושוב, עד שהעניין ייקלט גם בשכל הנפש הבהמית שלו. וכמו"כ עליו להתפלל ולהתבונן בהעמקת הדעת, להגיע לידי שבירת וביטול הישות ורצונותיו העצמיים וכהנה רבות. ועי"כ דווקא הוא יצליח להגיע לידי התעוררות כלשהי בעבודת ה'.

פתגם חסידי עמוק אומר ('היום יום' כ"ד תמוז): ""פנימי" הוא - שבקשת ברכה [מהרבי] להצלחה ב'עבודה' היא בבחינת "אל ישעו בדברי הבל", והרצוי הוא ש"תכבד העבודה על האנשים"". פתגם אופייני אחר הוא הפירוש החסידי על הפסוק "זכרנו את הדגה אשר נאכל במצרים חינם" - עבודה שהיא "חינם", שהושגה ללא עבודה ויגיעה, שייכת למצרים.

נכון, פועלים בעזרת הכוחות שקיבלנו מהרבי, וכי בלי זה מה אנו. אך את העבודה עצמה, על החסיד בעצמו לבצע.

שני עקרונות אלו הם בעצם נקודה מרכזית אחת: היות שדורשים עבודה פנימיות - חובה היא שהעבודה תעשה בכח עצמו דווקא, שהרי עבודה שהיא ע"י התעוררות הרבי - אין זה עבודת החסיד, אלא של הרבי. ועקב כך אינו שייך שהיא תחדור בפנימיות, תשנה את מהותו, עד שהיא תיהפך לחייו ממש.

וע"ד דוגמא המוסבר באריכות על החסרון ב"אתערותא דלעילא" (התעוררות שבא מלמעלה מבלי הכנת ועבודת האדם) - שאין היא מחזיקה מעמד לאורך ימים, היות שאין היא באה ע"י עבודת האדם.

ו. כלל גדול זה הינו אחד היסודות בחינוך ילדים.

בחינוך והדרכה לילדים ישנם בכללות שני סוגי מחנכים:

הראשון תופס את הדרך הקלה והמהירה - משפיע על הילד להקפיד כל יום על קביעת עיתים לתורה, נתינת צדקה, הידור בקיום המצוות, וכן הלאה. ככלל: המשפיע תובע מתלמידו הקפדה על הפורום והמסגרת הכללית.

המעלה בהשפעה זו היא בכך - שהיא קלה, והיא נתפסת מהר בנפשו של הילד.

בנוסף לזה, העבודה קלה גם למחנך שאינו זקוק להדרכה מיוחדת. ובאם הילד ישכח פעם את השיעורים שלו - המחנך יפטור אותו במשפט "תדאג שלהבא זה לא יקרה", ובזה העבודה נגמרת בלי התאמצות יתירה, לא בזמן ולא בכוחות מצד המחנך. כך גם בשאר הדוגמאות שהובאו לעיל - שבכולם לא נדרשת השקעה מיוחדת מצד המחנך.

המחנך השני לעומת זאת: לא יסתפק בחלוקת תפקידים ועבודת בית. אלא לכל לראש הוא יחדור עמוק עמוק לנבכי נפשו של התלמיד באיתור שורש ומקור המידות, יחפש את הנקודות הכי יסודיות ועיקריות, אותן יעמיד בתור יסוד חזק ואיתן, עליו יבנה הבניין.

חלק בלתי נפרד מההשפעה היא הדרכה הדרגתית ואיטית, אך יסודית ופנימית: כשיתחיל לעבוד עם התלמיד, יסביר לו בטוב טעם ודעת, את המושג של ניסיונות (בדברים אלו הוא בעצם מסביר לו שעצם ההחלטה להתקרב אל ה', ובוודאי שעצם העבודה קשורה עם ניסיונות ומניעות ללא סוף). הוא גם יסביר לו איך שסוף ההצלחה לבוא, למרות ריבוי הקשיים שבדבר.

מחנך כזה כאשר יתבע ממנו התמדה ושקידה בלימוד התורה ייתן לו הדרכה פנימית ומפורטת: לכל לראש יתבע מהילד להתחיל עם שעה אחת בלבד, אותה הוא ינצל עד תום בלי שום דיבורים והפסקות. ולאט ובסדר והדרגה, יתרגל ללמוד כמה שעות רצופות.

בשלב מאוחר יותר הוא יתבע מהילד להתחיל לעבוד על עצמו בתיקון מידותיו. יתחיל ממידה אחת עליה ישים דגש מיוחד לתקופה מסויימת, עד שהעניין יתבסס היטב ייחקק בנפשו. ואח"כ יעבוד על עוד מידה, וכן הלאה.

בסדר עבודה זו נוהג המשפיע בכל מצב ותנאי. כאשר המשימה שעומדת לנגד עיניו היא - חינוך התלמיד. ולצורך זה הוא בוחר בעניינים יסודיים וחשובים, אותם הוא משקיע בילד בצעדים איטיים ובטוחים.

חינוך זה כולל העמדת כל שלב על תילו בצורה העמוקה והפנימית ביותר. דוגמא לכך: אם המשפיע יתבע ממנו נתינת צדקה – הוא יסביר לו שבנוסף לביצוע המעשי, יש בזה גם רעיון חסידי עמוק: שיהודי שמרוויח כסף, ובמיוחד אם הוא נתברך בעשירות, צריך לקחת לעצמו רק מה שמוכרח לו, והשאר הוא תורם לצדקה. מתוך הכרה מליאה שזו כל מטרת שליחותו בענייני עסק, ולצורך מטרה זו בלבד נתנו לו מן השמים כסף. וכך הילד לומד, דרך אגב, על המושג של הנחת עצמו לטובת הזולת, ועוד.

חינוך זה הוא דוגמא להדרכה בשיטתיות ועקביות, אשר מעלה את התלמיד מעלה מעלה.

בנוסף לכ"ז, דורש ממנו המשפיע גם הקפדה על המסגרת הכללית. אך את הדגש - הוא שם על עניינים עיקריים, ועל אלו הדורשים עמל ויגיעה דווקא. ובסגנון אחר: את הדגש העיקרי ישים המשפיע על נקודות היסוד - חינוך חסידי. חינוך זה יוביל מאליו להקפדה על שאר הנושאים.

ז. לעומת המחנך הראשון - השני יתעקש דווקא על דרך קשה ומפרכת: העבודה קשה גם לילד, ובפרט בהתחלה. כך שבראשית הדרך על המשפיע לשכנע את הילד ללכת בדרך זו דווקא.

וגם מצד המשפיע דרך זו קשה ביותר: על המשפיע להדריך היטב ובפרטיות את המושפע. וגם אחרי ההדרכה התלמיד עלול למעוד עד שיתחזק היטב ויגיע לשלב גמר, הכולל חיזוק והדרכה חוזרת ונשנית. הדבר דורש גם מעקב על המושפע מן הצד. וכן עוד פרטים הדורשים עמל רב ויגיעה.

אך כאשר נבוא להשוות את התוצאות של ההשקעה: הראשון אכן השפיע על הילד לקיים ולהקפיד על דברים חשובים וחיוניים, שגם חסיד גדול אם לא יקפיד על הדברים הללו - **ברור** שחסר לו ביר"ש. כך שבלי ספק מדובר בהשפעה חיונית.

אך גם אם התלמיד יקיים בשלמות מקסימאלית עד למס"נ את כל הדברים דלעיל - הוא אכן יקבל ש"י עולמות על עבודתו, בפרט כאשר הוא מתכוון לכך לשם שמים, אך למרות כ"ז הוא יישאר במעמדו ובמצבו לאורך ימים ושנים טובות.

בנוסף לכ"ז, ברור כשמש שהשפעה כזאת איננה מחזיקה מעמד זמן רב, ואחרי תקופה קצרה בלבד ההתעוררות עלולה לחלוף. כך שהילד יישאר עם ההחלטה לבדה. דבר שמביא להתמרמרות, ולהרגשה שהכול בלוף, עד לידי ייאוש, על כל ההשלכות החמורות היוצאות מכך, הכולל גם שהתלמיד לעולם לא ירצה לשמוע עוד משהו. וד"ל.

וכ"ז בגלל שהילד נשאר במעמדו ומצבו הוא. אלא שבמעמד נחות זה - <u>הוא</u> לומד, ו<u>הוא</u> נותן צדקה וכו'.

לעומת זאת, המשפיע השני משנה לחלוטין את התלמיד, שכן המשפיע מעלה אותו לדרגא נעלית יותר באי"ע. ועקב כך נוצרת עבודה שמחזיקה מעמד לאורך ימים (לפ"ע כמובן).

הבדל זה מורגש היטב גם אצל הילד: בהשפעה ראשונה הילד מרגיש שחסר לו משהו, וש"זה לא זה". משא"כ בהשפעה השניה - יש לילד סיפוק רוחני וחיות ותענוג בעבודה.

אכן, ברור שלא מדובר כאן במשימה קלה. הדבר דורש המון זמן, עמל ויגיעה, אכזבות ויגיעת הנפש, כפשוטו. אך הדבר כדאי. והעיקר: שאין דרך אמיתית אחרת!

ח. חובה להבהיר: <u>בהשקפה ראשונה,</u> ילדים אוהבים ושייכים יותר לחיצוניות, מאשר לפנימיות. כמו"כ לילד קל יותר להתייגע על חידון מסובך, מאשר להתייגע להבין דיוק של תוס', שנראה בעיניהם כעסקה משעממת.

כמו בלימוד, כך גם בעבודה עם עצמו: ילד אינו מסוגל <u>לכאורה</u> לעבוד על עצמו. כמו: לעבוד על עצמו להתרכז כל כולו בלימודים, להתרגל ללמוד כמה שעות ברציפות, לעבוד על טבע מידותיו, וכהנה רבות. כל הלימודים והחיים של הילד מתרכזים בעיקר בענייני רגש והתעוררות, שעניינם מקיף וחיצוניות בלבד, והם אינם מבוססים על עבודה פנימית ומסודרת (שעבודה מסודרת הינה תוצאה <u>ישירה</u> של עבודה פנימית. וכמאמר הפתגם: "פנימי הוא מסודר").

אך כל זה בגדר לכאורה. כאשר לאמיתו של דבר, העובדה בשטח מוכיחה שילדים יכולים להגיע לעבודה פנימית ומסודרת (לפ"ע דרגתם), יותר מאשר אנו משערים. ואדרבה: ילדים אוהבים יותר עבודה פנימית מאשר חיצונית. ובסגנון אחר: מעצם טבעם ילדים אוהבים יותר "אקשן" וחיצוניות, מאשר עבודה פנימית. אך <u>בפנימיות רצונם</u> ובסתר ליבם, הם מעריכים ורוצים עבודה פנימית דווקא.

ומכאן החובה לגלות תכונות אלו אצל הילד, ולחנך את הילד לעבודה פנימית דווקא. ולא רק בגלל שהילד שייך גם לעבודה פנימית. אלא בגלל שעבודה פנימית דווקא היא שמחזיקה מעמד. משא"כ פעולה חיצונית שאיננה מחזיקה מעמד אלא רק לזמן קצר בלבד, ואח"כ היא כרוח נושבת ולא נשאר ממנה זכר.

ט. אותו עיקרון קיים גם כאשר חייבים לתבוע מהילדים עבודה בכח עצמם: עובדה ידועה היא שעל מנת להשפיע על ילדים שילמדו ויתנהגו כדבעי - יש צורך לעוררם כל הזמן שוב ושוב. בלי דחיפה - אין הם מסוגלים להתעורר לבד ולעשות משהו מיוזמתם.

אך כ"ז כאשר מדובר <u>בטבעם</u> של ילדים. אין זה אומר שילדים אינם שייכים כלל להגיע לעבודה בכח עצמם. אדרבה, ההיפך הוא הנכון: יש לחנך את הילד שעליו לחנך את עצמו, ולתפוס יוזמה, מבלי שיצטרכו לעורר אותו כל הזמן, על כל דבר קטן וגדול. ובנימוק - שהדבר הוא לתועלת חינוכו, שכן, לא לעולם יוכלו לדחוף ולעורר אותו לתומ"צ. ובאם הילד שואף שתומ"צ יהיו חייו ממש, עליו לדעת שמוטל עליו להתקדם לבד ובכוחות עצמו, כבר מהיום!

ואם הילד לא שייך לדרגא כזו - הרי שלכל הפחות ידע שישנו מושג כזה. אחרת - הוא לעולם לא יגיע לזה. ואפילו לא יידע שחסר לו משהו.

להבהיר שכ"ז כאשר מדובר בילדים מבוגרים, השייכים להבין עניינים כאלו. וכלל לא מדובר בילדים קטנים, שאין להם הבנה בעניינים אלו.

ערך חמישי

כללי עסקיים בחינוך

ערך חמישי

כללי עסקיים בחינוך

א. הבעש"ט הקדוש זצ"ל גילה דרך חדשה בעבודת השם: כל דבר מונהג בהשגחה פרטית מופלאה ביותר, ויכול האדם ללמוד הוראה בעבודת השם מכל דבר ודבר בעולם. מאורע או תקלה הקורים לאדם, סיפור ששמע, חבר שפגש לאחר שנים של היעדרות, כמו גם מכשולים, אתגרים צפויים וצפויים פחות, ניסיונות קשים ומרים שנתקל בהם האדם מדי יום ביומו, כל אלו הינם מנוף להתקדמות בעבודת השם. אצבע אלוקים, יד ה', המכוונת את האדם כדי שיגיע אל שליחותו וייעודו המוטלים עליו.

ההתעסקות בעולם החינוך ובצאן קדשים נחשבת למלאכת קודש ממדרגה ראשונה. לא עוד משימה או מקצוע מבין שלל המקצועות בשוק. כי אם שליחות שהיא יסוד היסודות ועמוד החכמות ביהדות כולה ובסיס ליציבות ערכית בעולם בכלל!

מאידך, במידה מסוימת, חשוב מאוד ללמוד הוראה בעבודת השם מעולם העסקים, ולנהל את עבודת השליחות החינוכית כעסק לכל דבר. וזאת באמצעות שיטות מועילות ומקצועיות היכולות וצריכות להיות למורות דרך וכלי עזר בעבודתו רבת ההשפעה של מנהל מוסד חינוכי.

ב. הדוגמאות לכך ידועות:

* אדם שרוצה להיכנס לעולם העסקים יודע שעליו לעבור הכשרה מקצועית. עורך דין לא ינהל תיק משפטי ללא רישיון המעיד שעבר את המבחנים בהצלחה מרובה. רופא לא יסכן חיי אדם מבלי שישקיע שנות דור בלימוד רזי הרפואה ויקבל אישור חוקי ע"כ ועוד.

לפיכך, כאשר מדובר בציפור נפשו של העם היהודי - חינוך הילדים, חייב להיות מוסכם וברור שעל כל מחנך לעבור הכשרה יסודית ומקצועית בנושא כה מורכב וגורלי לעתידו של חניכיו, בני משפחתו ויוצאי חלציו.

* כלל ברזל נוסף קיים בעולם העסקים: אדם שמכבד את עצמו ומעוניין בהצלחה בתחום עיסוקו, מחפש כל הזמן דרכים יעילות איך וכיצד להתפתח בצורה נכונה ומקצועית. עסקים מצליחים משקיעים משאבים רבים כדי לקדם את רמת הידע של העובדים במקצוע בו הם עובדים. מדי פעם הם לוקחים יום או חצי יום חופש - ועוברים השתלמויות. הצלחתם היא הצלחת החברה, העומדים בראשם ובעלי המניות.

בעוד שבעבר הלוא רחוק, השתלמויות וקבלת שירותי ייעוץ היה בהם משום פחיתות כבוד או גילוי סימני מצוקה, הרי שנכון להיום - שירותי עזר וייעוץ הפכו לחלק בלתי נפרד מנוף ההצלחה של כל אדם המכבד את עצמו, החל מראש הממשלה וכלה בכל איש מצליח.

ההוצאות עבור השתלמויות ושירותי ייעוץ נחשבות ברשות המיסים כהוצאה מוכרת של עסק או עמותה. עובדה המעידה שלא מדובר בלוקסוס, אלא הכרח שחשיבותו ממדרגה ראשונה.

כל מנהל מוסד חינוכי שרוצה להצליח בעבודתו חייב גם הוא להיות נתון בשאיפה תמידית להשתלם ולהתקדם, ובחכמתו ישגה תמיד.

בנוסף לכך, עליו להיות בקשר תמידי ורצוף עם גורם חיצוני יעיל ומקצועי, שמחד, אינו מושפע כלל מהקורה בתוך המוסד ויכול להתבונן בכל דבר בצורה אובייקטיבית. ומאידך, טובת חינוך הדור לנגד עיניו עומדת.

* בעולם העסקים ישנו כלל נוקשה - חייבים להצליח ולהרוויח כסף, אחרת אין כל הצדקה להשקעה! מנהל בנק שחייב לאשר הלוואה לעסק, שוקל דבר אחד ויחיד - האם העסק הוא רווחי או לא. חד וחלק.

מוסד חינוכי הינו בית יוצר שמטרתו לייצר דור של יהודים, הורים נאמנים, אנשי חסד ובעלי צדקה, מנהיגים, למדנים חסידיים ויר"ש, רבני קהילות וכו'. בדומה למפעל עסקי, מנהל מוסד צריך לראות לנגד עיניו את מטרת המפעל, על יסוד שיקולים של רווח והפסד - לוודא שהמוסד אכן מייצר סחורה, מצליח ומנפיק פירות, בכל תחום ומישור עליו מופקד המנהל. החל מניצול הפוטנציאל העצום הגלום בכל נשמה יהודית שעוברת תחת שבט הנהגתו, וכלה בהרחבה בגשמיות.

יעד מטרה זו מציב למנהל קו עבודה ברור ומגודר: 1) לשפר ולעייל כל הזמן את כמות ואיכות המפעל. 2) לוודא שהמפעל אכן משיג מטרתו.

מנהל מוסד שאינו מנפיק פירות ותוצאות ממשיות בשטח, שחור על לבן, עובדות ומספרים, עם הוכחות וכו' - אינו ממלא שליחותו!

* החשיבות של כל פרט:

מפעל לייצור בדים לדוגמא, עושה שימוש בכל חתיכת בד, גם באלו שאין להם שום שימוש למטרת המפעל עצמו, הם ימכרו או ייעשו בהם שימוש משני אחר. מה שאומר שכל פרט ולו הקטן ביותר, תופס מקום חשוב.

עיקרון יסודי זה צריך להיות תמיד לנגד המנהל - כל ילד, ולו זה שנמצא בדרגה נמוכה ביותר, תופס את מקומו במערכת הניהולית של ביה"ס. ועל כך בהרחבה בערך הבא.

ערך שישי

המערכת, המרכיבים, והחוקים

ערך שישי

המערכת, המרכיבים, והחוקים

א. המילה מערכת טומנת בתוכה הרבה משמעות ועבודה:

מערכת משמעה כלל הכולל בתוכו הרבה פרטים. כאשר משתמשים במילה מערכת, הכוונה היא אפוא לכלל. מאידך, כל כלל מורכב מהרבה פרטים ופרטי פרטים, אשר יחדיו הם מרכיבים את הכלל, ובלעדיהם אין כלל ומערכת.

שלימות המערכת, הכלל - הוא (אך ורק) כאשר הפרטים למיניהם הם בשיא שלימותם.

מערכת מוסד חינוכי מורכבת מהרבה מערכות כללים: מערכת ההנהלה, מערכת הצוות, מערכת התלמידים, מערכת ההורים, מערכת הלימודים, המערכת החינוכית, מערכת אירגונית ומערכת פיננסית.

ברור ששלימות המוסד היא רק כאשר כל אחת ממערכות אלו מתפקדת בשלימות, וכל הפרטים המרכיבים מערכת ספציפית הם בשיא שלימותם.

מערכת בריאה, יעילה, מקצועית, גדולה ומתפתחת - משמעה שלמערכת כללים וחוקים המנהלים וקובעים את המערכת. בעיות מתחילות מכך שאין מערכת, או לחלופין - כשהמערכת רקובה ומנוקבת.

המנהל אשר עומד בראש פירמידה ומערכת של מוסד חינוכי, במיוחד כאשר מדובר במוסד ברוך ילדים - קל מאוד להיסחב לדאגת והצלחת הכלל ולדאוג שהמערכת תתפקד והמעגל יסתובב בהצלחה, אך מאידך להזניח את הפרט. המנהל עלול למצוא את עצמו, עם המוסד כאחד, כאשר תחתית החבית מנוקבת ורקובה. אי לכך, חשוב גם לזכור את הגורם המשמעותי ביותר להצלחת המערכת - הפרט!

חשוב אפוא להדגיש הן את טובת הכלל - המערכת, בד בבד כשדואגים להצלחת הפרט! והמנהל והמערכת חייבים לתת פתרון הולם לכל פרט.

ב. אחת מהמערכות המרכזיות המרכיבות מוסד חינוך היא - הילדים, הילד הבודד! כל ילד הוא עולם ומלואו, כל ילד כולל בתוכו את הדורות הבאים. ואי לכך המפתח לניהול נכון הוא האמונה:

- בכך ש<u>כל ילד</u> יהודי הוא הבן של מלך מלכי המלכים, הקב"ה!
- ביכולתו של המנהל להגיע <u>לכל ילד</u>!
- באחריות המוטלת על המנהל, ש<u>כל ילד</u> יהיה מאושר באמת!
- בכך ש<u>כל ילד</u> מסוגל למצות את מקסימום יכולתו וכישרונותיו!

ג. סיור ווירטואלי במה שקורה רק בפרט אחד במערכת מסועפת זו, מספר הילדים בכיתה - מעמיד לנו תמונה די מזעזעת:

כיתה ממוצעת במוסד סטנדרטי כוללת בין 20 עד 30 ילדים.

נציג למידוענו היקר - המחנך הנכבד, פה מפיק מרגליות, נואם בחסד, ירא שמים גדול ולמדן מופלג, כמה שאלות לעיון:

☑ האם אתה מסוגל לוודא שכל ילד מהכיתה יודע את כל החומר הנלמד?

☑ האם אתה מחנך ומדריך את כל אחד מהתלמידים בשיטת וקו הלימוד בסגנון המוסבר לעיל (בערכים שער שביעי), כדי שבבוא היום יוכל התלמיד לעמוד על רגליו בכוחות עצמו?

☑ האם ברשותך מידע מפורט על מצבו הרוחני של התלמיד, הכולל: מידות טובות ויראת שמים של כל ילד וילד שתחת אחריותך? נניח שהתשובה היא חיובית - האם יש לך את הכלים והזמן לכוונם ולהדריכם בכדי להעלותם על דרך המלך בזמן הקצר שהם מופקדים בידך?

☑ בימים האפורים, בשגרת העבודה היומיומית - האם אתה מסוגל להקדיש תשומת לב אישית, להרעיף חום ואהבה הנדרשת לכל נשמה ונשמה, או שהתלמיד יושב בדד במחנה עם ההרגשה הנצחית שלמורה כלל לא אכפת ממנו?

☑ תחת לחץ מתמיד של שיעורים ועבודה ללא קץ - האם אתה מסוגל לשים לב שילד בודד בתקופה מסוימת היה בכיוון עליה, אך בחדשים אחרונים בצורה איטית ושקטה חלה בו ירידה ונסיגה ניכרת ומשמעותית, או שמצב הדברים אינו מאפשר לשים לב לכך עד שכבר לצערנו מאוחר מדי?

☑ ריבוי ילדים שבאים ממשפחות הרוסות, הדורשים תשומת לב מיוחדת והרבה זמן והשקעה - האם בכלל שייך שתקדיש עבורם את הזמן והאהבה הנדרשים, או שהם אינם כלולים כלל במערכת?

ברור שהמענה לשאלות אלו הוא כן ולא. חלק מהתלמידים המורה אכן מכיר בצורה פנימית ויסודית, אך רוב רובם של הלמידים נבלעים בתוך מערכת ענקית ואינם מקבלים את מה שהם יכולים וחייבים לקבל! מיותר להבהיר שחינוך שהולם את שמו על כל המשתמע מכך אינו מציאותי במצב הקיים!

ייאמר ברורות: מערכות החינוך איננה מסוגלת לתת מענה הולם לבעיות החינוך של הדור!

וכך מדי יום ביומו הולכים לאיבוד עשרות ואלפי נשמות יקרות וקדושות. אם כי לא תמיד בזדון לב אלא בשוגג ("שגגת תלמיד עולה זדון"). וילד שיוצא מתוך המערכת בשלום - הינו בגדר נס מהלך!

יובהר גם: שבהרבה מקרים מדובר בוועד מסור, מנהל מעולה וצוות מקצועי. אך המערכת אינה מסודרת ואיננה מתפקדת בצורה הראויה שתיתן מענה הולם למכלול הבעיות של דורנו, ובוודאי שאין להם את הכלים המתאימים להגיע לכל ילד וילד!

וכאן הצעקה הגדולה: באם מוסדות החינוך אינם משיגים את המטרה לשמם יוסדו ונבנו, "מה העבודה הזאת לכם?"

ד. למוסד חינוכי חייב להיות פתרון הולם בכדי שכל ילד יקבל את המגיע לו. בעידן דור הטכנולוגיה המתקדמת הרבה יותר קל לעקוב אחר התפתחות של כל ילד בנפרד.

בהסתמך על המבואר בערכים שונים בספר זה - נציג את תמצית הכללים איך לעקוב אחר התפתחות כל ילד וילד, ולוודא שהוא מקבל מקסימום הנדרש:

ה. ככלל:

א) חובת המורה לדעת מהנעשה עם כל תלמיד ותלמיד בכל תחום ופרט מחייו.

ב) מידע זה חייב להיות כתוב וחתום שחור על גבי לבן, מרוכז, מאורגן ומתויק בצורה מסודרת ומקצועית.

ג) חובת המוסד לנהל תיק אישי לכל ילד!

תיק זה כולל פרטים נחוצים וחיוניים. שהם:
1. איחורים וחיסורים.
2. דו"ח תעודת תלמיד.
3. דו"ח הערכה מקצועית.
4. ציונים מכל המבחנים.
5. דו"ח קנסות.
6. דו"ח פרסים.
7. מבצעים שהתלמיד השתתף וזכה בהוקרה או פרס.
8. דו"ח שיחות המורה (והמנהל) עם התלמיד.
9. דו"ח שיחות המורה (והמנהל) עם הורי התלמיד.

תיק זה חייב להיות פיסי, בפנקס המורה בכיתה, ובמערכת המחשב של המוסד (חובת המוסד למנות איש מיוחד שתפקידו יהיה לרכז נתונים הכרחיים על התלמידים).

כאשר כל הנתונים על התלמיד יהיו מרוכזים, ע"י לחיצת כפתור אחת בלבד אפשר לשלוף פרטים מדויקים ומהותיים בכל נושא ומישור, וגם לקבל תמונה כללית ומרוכזת.

היתרון והצורך בניהול תיקים דווקא בצורה כזאת:

1. בכל עסק או מערכת אירגונית, הביטוח היחיד לזכור פרטים חשובים ונחוצים הוא, כאשר זה בא בכתב ומתויק בצורה מאורגנת.
2. מטרת הדו"ח היא בכדי שיוכלו לנהל מעקב מסודר ומקצועי, להשוות בין תקופה לתקופה, ובין שנה לשנה. א"כ חייב שהכול יהיה בכתב ובצורה המוזכרת לעיל.
3. חלק נכבד מהמטרה היא מסירת דו"ח למנהל שיוכל להיות מעורב ומעודכן, וגם להדריך ולבקר את עבודת המורה. אי לכך, חייב שלמנהל תהיה גישה נוחה ומסודרת לכל התיקיות מבלי שהמנהל יצטרך לחפש את צוות המורים בהזדמנויות שונות ולקבל דו"חות מקוטעים.
4. לדו"חות אלו ישנם גם מטרה נוספת - שתהיה לשימוש המנהל בעבודתו עם התלמידים כפי שיוסבר בהמשך.
5. מילוי דו"חות מעודד את המורה להמשיך ולהתחזק בעבודתו. למורה שעמל קשה במסירת שיעורים, השקעה בחינוך התלמידים, ניהול כיתה וכו', קל מאוד להתעייף ולבוא לשחיקה כללית כאשר לא תמיד רואים תוצאות בשטח, או שלא רואים את התמונה הכוללת, ואת העובדה שעבודתו נעשית בהצלחה מרובה. כתיבת דו"ח סיכום הינה פתרון הולם וחיזוק עצום למורה!
6. גם למורה שאינו ממלא את שליחתו בנאמנות, תהיה הסיבה לכך אשר תהיה - כתיבת דו"ח הינה דחיפה דיפלומטית 'בינו לבין עצמו' להגיע להישגים משביעת רצון.

ד) אחריות המורה היא להגיע לכל ילד, ולוודא שהוא קיבל את המקסימום!

ואי לכך:

1. על המורה לדעת בפרטיות מה קורה עם כל תלמיד
2. על המורה לעשות קביעות לעיין בתיק האישי של הילד.
3. על המורה לעשות הערכה מקצועית, להשוות בין מצב הילד בפועל ובין היכולת הפוטנציאלית שלו, וכיצד מגשרים בין הפערים.
4. להכין תוכנית עבודה קבועה, ברורה, מפורטת ומסודרת, בכל הקשור לחינוכו של הילד.

5. אחריות המורה לבצע את העבודה.
6. ביתר פירוט: על המורה לעשות תוכנית מסודרת המחייבת אותו לעבור בתורנות, בצורה מסודרת ומחייבת ולעבוד עם כל ילד בצורה אישית בכל הנדרש בתחום הלימודים. כך המורה יודע בוודאות גמורה שכל ילד מקבל את מה שמגיע לו.
7. ברשות המורה לסדר את השיעורים הכלליים של הכיתה בצורה כזאת שבכל יום יש תלמיד תורן המקבל יותר תשומת לב מכל שאר תלמידים, וזאת מבלי להבליט את הדבר, אלא ע"י הקדשת יותר זמן, שאלות ותשובות וכן הלאה.
8. אותו עיקרון תופס בתוקף משנה כאשר מדובר בחינוכו המושלם של הילד: מידות טובות, בניית ועיצוב אישיות התלמיד, חינוך ליראת שמים וכן הלאה.
9. אחריות המורה היא גם לעקוב אחר הצלחת התוכנית. ובמידת הצורך לעשות בו שינויים ועדכונים.

ה) נתונים אלו חייבים לעבור לידי המנהל - שמאחריותו:

1. לוודא שהמורים ביצעו שליחותם עד תום.
2. להיות מעודכן בכל הקורה במוסד. וזו המסגרת והדרך המתאימה לכך.
3. להקדיש זמן מה בסדר יומו העמוס לכל תלמיד ותלמיד במוסד!

ברור שלא מדובר בשיחה אישית יומית עם כל תלמיד. אך עבודה קבועה בקו זו, והקדשת זמן מה עבור כל תלמיד בתוך מעגל לוח החודשי או דו חודשי - הינה חובת המנהל ממדרגה ראשונה.

על המנהל לנהל לעצמו דו"ח קבוע על הקשר האישי שלו עם כל ילד וילד. לפני פגישה עם התלמיד - על המנהל לעיין בתיקו האישי ע"מ להתעדכן ולהתרענן. וזה היתרון החשוב בניהול תיקים בצורה המוזכרת לעיל.

מומלץ לנהל את השיחה אחרי מבחן של המנהל בכיתה, כאשר למנהל הזדמנות נוספת להכיר אישית את התלמיד (ולא רק כשופט שקורא תיק יבש - "אינה דומה שמיעה לראיה" קבעו חז"ל) לפני שהוא משתדל להשפיע עליו.

היתרון בקשר אישי עם המנהל עצום:

1. המנהל יודע ומעורב בנעשה במוסד. וזו אחת מההזדמנויות שלו.

2. למנהל שמעורב עם הבריות הזדמנות לעזור לתלמיד בכל תחום שנדרש, במיוחד לילדים שבאים מבתים הרוסים (שלמרבית הצער והכאב מספרם הולך וגודל), במקום שאחרים התקשו לפעול.

3. "הכול לפי המבייש והמתבייש" קבעו חז"ל. התמסרות אישית לכל תלמיד, שיחה אישית, הבעת מעורבות בחינוכו של התלמיד - לכל אלו השפעה עצומה. פעמים רבות מילת חיזוק של המנהל שווה בערכה להשקעה חודשית של מורה. במיוחד במוסדות גדולים שהמנהל טמון בלשכתו, וכל יציאה אל התלמידים, במיוחד שיחה אישית ברת תוכן, יש לה חשיבות יוצאת מהכלל, והתוצאות בכל התחומים והמישורים הינם בהתאם.

4. לקרבת המנהל אל התלמיד תרומה עצומה בעיצוב הביטחון העצמי של הילד, מצרך די חשוב עבור ילדים!

5. מנהל שמעורב אישית בחינוכו של כל ילד מסוגל להדריך את צוות המחנכים ולהיות להם לעזר ותמך בצורה הכי מקצועית. מנהל שתלוש מהמציאות מסוגל להדריך, אך לאו דווקא מתוך הכרת השטח. יתרון שכשלעצמו מצדיק את ההשקעה.

אי לכך חובת המנהל להשקיע בתחום זה.

ו) חובת המוסד להעביר תיקו האישי של הילד למוסד החדש אליו התלמיד עולה או עובר. הדרך היחידה להעברת תיקים בצורה מקצועית היא ע"י ניהול נכון.

ערך שביעי

נושרים

ערך שביעי
נושרים

א. נושא כותרת הערך הפך בשנים אחרונות לנושא שמטריד ומעסיק את העולם היהודי.

כמבוא לדיון לגופו של עניין, מן הראוי לעיין בעצם התופעה בכלל.

מחד:

א) ברור כשלג שגם עבור מספר בודד של נושרים, ואפילו עבור שה בודד טועה בעלמא, יש להפוך עולמות עד למסירת נפש בפועל.

ב) חשוב לציין לשבח ויקר עיתונאים וחוקרים שהעלו את נושא הנושרים על סדר היום הציבורי, הורידו מסווים של בושות של 'מה יאמרו הבריות', ובכך הצילו אלפי נשמות יקרות מרדת שחת. ללא כל ספק, ההצלחה עם נשמות אלו תיזקף לזכותם המלאה.

ב. מאידך, נראה שמכת ההגזמה וההיסטוריה תופסת גם בנידון:

א) האם אחוז הנושרים הוא אכן כה גבוה כפי שמנסים לתאר בהיסטריה חסרת תקדים?

ב) בעיון קל בהיסטוריה היהודית אנו מוצאים את אותם נושאים ונושרים שחוזרים על עצמם מידי תקופה. היום אלו זכו לתואר 'נושרים', ובעבר הלא רחוק קראו להם 'צדוקים', 'אפיקורסים', 'מינים', 'משכילים', 'חופשיים', 'יבצקים' וכדומה. בלשון העם אומרים: "אותה גברת בשינוי אדרת".

במידה מסוימת ניתן אפילו לקבוע שהנושרים של היום עדיפים על אלו המנויים לעיל: שכן הראשונים נכללו ברובם בגדר 'מומר להכעיס', מאידך, הנושרים של היום אינם נכללים אפילו בקטגוריה של מומר לתאבון. רובם הינם ללא ספק, במידה זו או אחרת, תינוקות שנישבו. כך שעם קצת הדרכה, אמת, חום ואהבה ללא גבולות, הם ינהרו למעיינות החכמה והאמת בחזרה!

ג) העולם היהודי לאחר מלחמת העולם השניה וקום מדינת ישראל, מלחמת החורמה נגד מאות אלפי אחינו בני ישראל הספרדים ויוצאי תימן, הינו בגדר מסכת נושרים אחת מזעזעת. ולמרות זאת, רק גדולי ישראל אמיתיים הפכו עולמות, שלחו שלוחים ופעילים, לחמו מלחמת חרמה על כל נשמה יהודית, כאשר היו כאלו שבחרו בשתיקה, או התבצרו בעולמם הם!

ד) מנגד אנו גם עדים לתופעה מדהימה של חזרה למקורות בצורה מעוררת השתאות. ובנוסף, מספר הישיבות והיכלי התורה שקמו דווקא אחרי השואה האיומה הולך ותופח משנה לשנה!

ה) האם אלו שאינם נושאים בתואר הרשמי של 'נושר' אינם זוכים לתואר נכסף זה? האם הרוב שעובר את המערכת הרגילה מבלי לזכות למה שילד יהודי זכאי לקבל, אינם נושרים במידה זו או אחרת?

ו) האם הבעיות של מערכות מוסדות החינוך אינו פחות בבחינת 'הכצעקתה?!'. הרי ברור שלו מוסדות החינוך היו על הרמה הנדרשת, היו מונעים בכך הרבה נושרים. כך שבמידה מסוימת ניתן לקבוע שדווקא מוסדות החינוך הם שורש השורשים והמקור לבעיות הנושרים.

אכן, העיסוק בלמנוע נשירה פוטנציאלית אינו אתגר שתופס כותרות, ולמעשה נחשב לעבודה אפורה. אעפ"כ מדובר במשימה קדושה שהיא לא פחות חשובה מאשר ה"שטורעם" בטיפול בנושרים.

לאור כל זאת, ברור שמכת הנושרים איננה חדשה כלל וכלל, והבעיה אינה כ"כ עצם התופעה כמו: 1. מספרם היחסי שמתפתח עם הגידול הטבעי. 2. העדר היכולת להתמודד עם המכה האיומה.

כך או כך, בעיית הנושרים מדירה שינה מרבים וטובים. הורים, מורים, עסקנים, גדולי הדור, פרנסים, וגם עיתונאים החוקרים את התופעה.

ג. כמו בכל מכשול שהוא יתום, גם בנידון דידן: כל גוף מאשים את חברו בסיבת ושורש הבעיה. ההורים טוענים שמוסדות החינוך אשמים. מנגד, המנהלים זורקים את הכדור למגרש ההורים שמזניחים את חינוך ילדיהם.

האמת תיאמר שכולם צודקים: כולם אשמים ובאותה עת גם נקיי כפיים:

כמו בכל דבר בעולם המופלא, גם חינוך מורכב מהרבה פרטים ומרכיבים המהווים שלימות הייצור. ובנידון דידן: בעיית הנושרים נובעת מהרבה סיבות. תלמיד אחד נושר עקב בעיות אלו ואחרות, וחברו נושר עקב סיבות אחרות לחלוטין. לא דין זה כדין זה! ולא מה שגרם לראובן לנשור יגרום לשמעון לנטוש את הדת. לאור זאת, ברור שגם התרופה למכה אינה זהה. ייתכן גם שהתרופה המועילה לראובן עלולה אף להזיק לשמעון!

אך ורק בהיוודעה שורש הבעיה והמועקה של כל תלמיד באופן ספציפי - ישנה אפשרות להגיע לפתרון המיוחד והמתאים לתלמיד.

וע"כ, לכל לראש מן הראוי לנתח שורש הבעיות הגורמות לתלמיד מן הזרם לנשור אל עבר פי פחת.

ד. שורש התופעה לנושרים מחולקת לשלושה סוגי בעיות. בכל סוג, פרטים אין ספור.

<u>בעיות כלליות</u>

בעיות המשותפות לכל הגורמים הרלוונטיים בחינוך:

- הצד השווה והפנימי שמעיק לרוב רובם של הנושרים הינו - העדר אוזן קשבת, תמיכה ועידוד למצוקותיהם, יהיה אלו מה שיהיו. הדור הצעיר מרגיש, ובצדק רב, שאין עם מי לדבר. כל הגורמים הרלוונטיים עסוקים וטרודים בבעיות משלהם במקרה הטוב. במקרה הפחות טוב אלו עושים לביתם. במקרה הגרוע, אלו עסוקים במלחמת איזון הכוחות של מי בראש. כך הנושר מרגיש ומקבל תחושה שהעולם הוא הפקר, ומסיק מסקנות גם לגבי החינוך שלו עצמו.

- גם במקרים שכן יש אוזן קשבת, קיימת בעיה עצומה נוספת: פער הדורות הולך ומתרחק עם הזמן. בעוד אלו מתעקשים להצטרף לחוג הנושרים - הדור הקודם אינו משלים עם העובדה שהעיתים השתנו. ובמקום לקרב את הלבבות של הדור שמשווע לחום ואהבה - אלו מגיבים למכה ע"י גזרות חדשות לבקרים, שגם הציבור בכלל אינו עומד בהם, והנוער הנושר בפרט שכלל אינו סר למרותו!

- הגישה שבכדי להציל את הנוער יש לסוגרם מאחורי סיג ובריח בחומות הגטו, בכדי שלא ידעו שקיים בכלל מושג של עולם הזה... במקום לתת להם את הכלים להתמודדות עם אתגרי העולם הזה, התגלה כטעות איומה שרק מימשה את הנאמר: "יצא שכרו בהפסדו", על כל המשתמע מכך!

- גם במקרים שכן קיים רצון להתקרב אל הדור ולמכאוביו - קיים מחסור עצום של כוח אדם מקצועי שיודע לטפל במכלול הבעיות שנמצאות ב<u>כל</u> מערכות החינוך. לאו דווקא להציל נוער שכבר נושר, אלא בעיקר על מנת למנוע את דור הנושרים הבא רח"ל.

- גם אלו שכבר הוכשרו לחינוך מקצועי, דורשים כסף רב שלא תמיד ההורים עומדים בהם. בהרבה מקרים ילדים בעייתיים ואתגרים פשוטים לא מקבלים את הטיפול המגיע להם, והתוצאות בהתאם, <u>תמיד</u> באות במוקדם או במאוחר.

יאמרו מי שיאמרו שגם בעלי המקצוע חייבים להתפרנס ולכלכל בני משפחותיהם. אכן, צדק רב בדבריהם. אבל אם מחנך מקצועי נועל דלתו לנשמה יהודית עקב מחסור במזומנים - ספק רק אם הוא ראוי להשתמש בתואר הנכסף – 'מחנך'.

- בקרב אנ"ש ישנו מחסור עצום של מסגרות ראויות לילדים שאינם מסוגלים ללמוד כל היום, החייבים לשלב תורה ועבודה גם יחד.

- חלק ניכר מהמוסדות מהסוג זה דורשים שכר לימוד שזועק לשמים.

אכן כדי להחזיק מסגרות מעין אלו נדרשים הרבה משאבים שלמוסד רגיל אין בהם כל צורך. מאידך: 1) להפוך מוסד חינוך לביזנס הוא פשע אנושי. 2) סוף סוף פתרון הנוער אינו בא על סיפוקו באשר לרוב ההורים אין את המימון הדרוש לכך, במיוחד להורים שיש להם כמה ילדים מיוחדים כאלה.

- דעות קדומות של הציבור החרדי/דתי על תלמיד שחיצוניותו אינה הולמת במאת האחוזים את מעמד בני עליה ובן תורה, הוא חלק בלתי נפרד מהבעיה! בהרבה מקרים מדובר בילד יהלום, לב זהב, מידות נעלות ועדינות, שכל חטאו הוא בכך שהתאהב בחולצה כחולה, או שהוא מוציא את אנרגיה שלו במשחק כדורגל (בעולם החסידות והמוסר, ארוחת בוקר ומשחק בכדור - שניהם מאותו שורש בקליפות נוגה! ההבדל הוא שלארוחת בוקר התרגלו שזה לא מתאים, ולכדורגל עדיין לא...).

- בעבר ידעו להעריך גם נשמות שבורא עולם ומנהיגו נתן להן כוחות וצרכים מיוחדים המתאים לשליחותם בעלמא דין. מבחינת העיקרון שיהודי נברא לשמש את קונו, אין <u>שום</u> הבדל בין אם נצטווינו לחטוב עצים או לשבת וללמוד כל היום בכולל, כל עוד כוונתו ומעשיו הם לבטל את עצמו למלא רצון קונו. הגזענות שבני התורה שיושבים באוהלה של תורה מפעילים כלפי מי שלא בציורם ובדוגמתם, והם, ורק הם הגזע הארי, טורפת את הקלפים בכל פעם מחדש. מלבד שירות האגו של אלו – חשיבה זו מביאה בפועל לריחוק רבבות אלפי ישראל מכל סממן של תורה ומצוות!

- זה לא סוד. בדורות האחרונים חיים עבור הזולת, הרחוב, השכנים, החברים מכותל המזרח, ידידים שפוגשים במקווה וכו'. כך שבמקום להתעסק במהות, יש דאגה לשידוך, מה יאמרו הבריות וכדומה. דעתם של אלו חשוב יותר מאשר האושר הפנימי העצמי והאמיתי של הנער! וכשהצרכים של הנוער הנושר אינם עולים בקנה מידה אחד עם הסטיגמה של האזרח הנכבד המצוי, הרי שהעדר הטיפול בשורש הבעיות מצד אלו שפיזית יושבים ומונחים בעולמה של תורה, אך מחשבתם משוטטת בשערי רומי ("במקום שמחשבתו של אדם שם הוא נמצא") גורמת להרבה נוער לחפש אושר בשדות זרים!

- <u>בעיות רגילות</u> ונפוצות של ילדים כגון: בעיות בהקשבה, קשיי למידה, קשיי ריכוז וכו' שמשום מה המסגרת הרגילה ומוסדות חינוך סטנדרטים אינם מקדישים לזה תשומת לב ראויה, גרמו שבמקום שהבעיה תקבל טיפול ופתרון נאות - היא הפכה ל<u>בעיה שורשית</u> שאוכלת את התלמיד מבפנים, הורסת את הביטחון העצמי, את הסיפוק, ה"גאווה" וכו'. ומכאן להתדרדרות - הדרך קרובה מאוד!

- חוסר תשומת לב אישית לכל ילד ככלל (במוסדות חינוך וגם במשפחות מרובות ילדים כ"י), ולצרכיו האישים המיוחדים במיוחד - הינו נדבך חשוב מאוד בהחלטת הילד לחפש תשומת לב ואהבה בכרמים זרים!

- די שכיח שילד חכם יודע גם להסתיר תוכניותיו לטווח הארוך, כך שלא תמיד אפשר לזהות ילד שפוחל החוצה!

- איחור נישואין הוא נדבך די חשוב במכת הנושרים. עובדה היא שבעיית הנושרים היא בנוער, ולא בנשואים. אלו מרגישים ביטחון עצמי, מסודרים, ופחות או יותר הולכים בתלם מסוים (יהיה הכיוון אשר יהיה), ולא מחפשים דרכים והמצאות חדשות לבקרים, שלא תמיד עולות בקנה אחד עם 'לשבת יצרה'.

<u>הורים</u>

ככלל: הבית, ומנהליה – ההורים, עלולים להיות הסיבה לנשירת התלמיד שבמקרה דנן נושא בתואר 'בן'.

וביתר פירוט:

- בית עני גורם לתלמיד לחפש אושר מוטעה מחוץ למסגרת הרגילה. הדשא תמיד יותר ירוק בצד השני. והכסף הוא אב לאשליית האושר, במיוחד אצל ילדים ונוער חסר ניסיון!

- הורים שאין להם ידע בחינוך, הינם בגדר אסון לילדיהם פשוטו כמשמעו!

- הורים מהדור הישן שאין להם הכלים הראויים לצרכים המיוחדים של הדור הצעיר, עלולים להיות מכה חזקה לילדיהם. כאשר התוצאות ברוב המקרים הן, שהילד עוזב את הדת בטריקת דלת. אם בגלוי, ובמקרים יותר חמורים תולעת הספיקות אוכלת בו מבפנים!

- ישנם הורים מושלמים ומחנכים על רמה באמת, אך הם לא יודעים להעניק לילדיהם חום ואהבה ראויה, שהינם המצרכים הכי חשובים ויקרים בדור יתום זה – על הורים ומחנכים אלו נאמר: יצא שכרו בהפסדו!

- הורים שמחפשים את המוסד "הכי הכי", מבלי לקחת בחשבון האם הילד אכן יכול להתמודד עם הלחץ העצום מעל ומעבר ליכולתו ולכשרונותיו האמיתיים - דואגים לשמם הטוב, ולא לטובת הילד שבמקודם או במאוחר יתמוטט ויגלוש החוצה!

- ריבוי תיקי הגירושין שנפתחים בכותלי בית דין הרבניים, ולצערנו גם בכותלי בית המשפט - מוסיפים הרבה מנויים לחוג הנושרים! אלו נופלים בין הכיסאות, ומוצאים עצמם יתומים חיים שבמידה מסוימת היא <u>באין ערוך</u> יותר גרועה מאשר יתמות פיזית אמיתית!

<u>המוסד</u>

ככלל: בדור עקבתא דמשיחא צעקו והבהירו גדולי הדור ש**מוסדות החינוך בדורנו הינם עריסת הילד, והנושאים באחריות כלפי כל נשמה ולצאצאיהם אחריהם עד עולם!**

נראה שכמה שמשפט יסודי זה צוטט בספר זה - חסרות מילים לבטא את עוצמת הפתגם והתביעה: מוסדות חינוך, ובראשם **מנהלי המוסדות**, **הם אלו שנושאים באחריות חינוך הדור**. ומשכך, בעיות הנושרים הינן תוצאה ישירה ומסובבת מרמת מוסד החינוך.

יובהר בזאת פעם אחרי פעם, שלצד רמתם הירודה של חלק ממוסדות החינוך, קמו וגם ניצבו מוסדות חינוך מפוארים הראויים לכל שבח ותהילה. אך אלו הם חלוצי הצבא, כאשר רוב העם עדיין לא למדו מאלו, ולא קיבלו מכוחם ומהשפעתם. וכאן הנשמות הטועות צועקות: למה נגרע?

וביתר פירוט:

- מוסד חינוך מרובה ילדים בלעה"ר, שאינו משדר ביטחון לכל תלמיד, מביא לכך שהילד מרגיש שה בודד במערכה. תלמידי הכיתה רבים על כתר מנהיגות, ובכדי להוכיח את עצמו ומציאותו, הוא חש צורך ללחום מלחמת הישרדות בכל מחיר, גם כאשר עקב כך הוא יורד מדרך המלך.

- מוסד חינוכי שאינו מצליח להנפיק תוכנית לימודים מעניינת ומושכת לאור כל כללי האתיקה המקצועית המוסברת בשער תשיעי פותח בכך דלת החוצה להרבה נשמות יקרות!

- מוסד חינוכי שאינו משכיל להדריך ולגדל מורים מנוסים ומקצועיים - נושא באחריות ישירה כלפי כל תלמיד שיורד מהפסים!

- מוסד חינוכי שמנהיגיו אינם מחנכים עם עוצמה של מסירת נפש ואהבת ישראל כנה ואמיתית - דוחה נשמות יקרות מאוהלה של תורה ועבודה!

- מוסד חינוכי המיועד למצוינים, הינו למעשה בית קברות לרוב רובו של עם ישראל שנמצא אי-שם בבינוניות...

- מוסדות חינוך שמקשים במבחנים על קבלת התלמידים למוסד - דוחים הרבה תלמידים בינוניים שהמוסד היה יכול להעמיד בהמשך על הרגליים ולהפוך אותם למצויינים!

- מנהלי סמינרים בעשור האחרון, שבניגוד גמור לבקשת גדולי הדור, הנהיגו נוהל אכזרי בקבלת תלמידות ודרכי ניהול הסמינרים, שכר לימוד גבוה וכו' - נושאים באחריות ישירה להרבה תלמידות שירדו מהדרך הישרה!

- מנהלי מוסדות חינוך שדוחים את אחינו בני ישראל הספרדים משערי המוסד - רוצחים בעשר אצבעותיהם עשרות רבות של נוער נושר מחוגים אלו!

- מוסד שמזדרז להרחיק תלמיד מבין כותלו, מבלי למצות את הדין בדרך הנכונה והישרה, מוסר בידו נשמות לכוח הסט"א ושלוחיו המצפים בכיליון עיניים לכל תלמיד שהורחק! למנהלים עם אצבע קל על ההדק ייאמר: ההשלכות ההרסניות של מדיניותכם לדורות הבאים - כלל אינו בא בחשבון.

- מוסד חינוך סטנדרטי שמונה סגל מורים בלבד. ומשום מה המנהלים במוסד אינם רואים לנכון לצרף לשירותיהם בעלי מקצוע, פסיכולוגים, משפיעים וכו', על תקן במשרה מליאה.

<u>מנהיגי הדור</u>

כל האמור הוא הגלוי והידוע, חלקם יותר וחלקם פחות. מה שחוקרי הדור ממעטים לדבר עליו, ובמידה מסוימת של הצלחה משתדלים להמעיט בעוצמת הנזק שלהם, הוא חלקם של מנהיגי הדור במכת הנושרים. ממש כך.

ואלו הם פני הדברים:

- דור שמוכיח את מנהיגיו הוא אחד מהסימנים המובהקים של עקבתא דמשיחא. נראה שהעסקנים של היום מובילים את המנהיגים, ולא ההיפך. ומכיוון וצורת התנהלות הדברים כיום, נראה שלא מדובר באינטרסים שהם לשם שמים. אלא בעוד קיצור דרך לצבירת הון ושלטון!

- בניגוד לדורות עברו, שמסירת נפש ממש לטובת כלל ישראל היה נר לרגלם של העוסקים בצרכי ציבור באמונה, הרי שבדורנו, רוב רובם של העסקנים מקבלים שכר טרחה (בלשון המעטה) בצורה ישירה או

עקיפה. ומשכך, הם משמשים דוגמא חיה לדור הצעיר לכך שכסף יענה את הכול. מכאן עד שהתלמיד מסיק מסקנות ליציאה לעולם הגדול טרם הזמן, ולהידרדרות לשאול תחתית קצר מאוד.

- גם הכניסות לגדולי ישראל כרוכה בדמי כניסה, וכל המרבה במחיר - מתקבל ראשון...

- התקנות והגזירות שעסקנים אלו כופים על הדור, מבלי שאלו יצאו אל השטח, אל העם, יצא מכל פרופורציה בעשור האחרון. לא די בכך שאלו לא השכילו להבין את הצרכים המיוחדים של הדור הצעיר, וגם לא נקפו אצבע קטנה בכדי לקרב את הדור נושרים – אלא שהפער בניהם הולך ומתרחק עם הזמן. הנוער הנושר מסתכל ומתייחס בבוז גלוי לגזרות שצצות חדשים לבקרים מטעמם. כשהם בעצם משדרים לעסקנים אלו: "האם זה מה שמציק לנו", "האם עם גזרות אלו תוכלו למנוע מאיתנו מלבצע את תאוות הנוער"?

- בעבר הלא רחוק מנהיגי הדור התרחקו מכס המנהיגות כמטווחי קשת. נכון ליום זה אנו עדים לתופעה מדהימה ומזעזעת ביותר, שאחים בדם, גיסים קרובים ומשפחות שלימות נהרסות עד היסוד, עקב העדר היכולת לוותר על כסא הכבוד. המריבות על המנהיגות תופסת מקום נכבד בכותלי בתי הדין הרבניים, ולמרבית הבושה גם בכותלי הערכאות של עכו"ם, בארץ ישראל ובגולה.

יאמר מי שיאמר שאלו הן מחלוקת לשם שמים בלבד. אך נראה שהמריבה איננה נובעת עקב הרצון להשפיע, שהרי מי מונע מיהודי בעל קומה להשפיע על צעירי הצאן? למרבית הצער ישנה עבודה די והותר לכל המרבה בעבודה...

הגאון הקדוש המונקטשער רבי (....?) זצ"ל משרידי דור דעה כותב (בספרו דברי תורה מהדורא ב', סעיף ט"ו): "וכבר נודע בס' היכל הברכה על החומש כ"פ בשם רבינו הבעש"ט זי"ע שהכה א"ע פ"א בראשו באילן בבכיות רבות בעת מנחה באשר **ראה ברוה"ק מה שיהיה בדורות אחרונים רביים בזה"ל "יא"ק מא"ק" (כמו שומשין) הרבה מאוד, והמה יהיו מעכבים את הגאולה** עכד"ה)".

ובספרו דברי תורה (מהדורא ב', סעיף צ"ה): "כל אלו הסימנים שאחז"ל מה שיהיה בעקבתא דמשיחא נתקיימו בדור הזה עד שכמוהו לא נהייתה... הפ' הב' של רש"י שאין להם בושה זה מזה כמו הכלבים עזי נפש זהו נראה וניכר בדורנו. אשר כמוהו לא נהייתה... ומה נמרץ המשל הזה בפי הראשונים וכאשר חז"ל רצו לבאר כי פני הדור (כאשר יאמרו העולם כי הוא זה שדייקו חז"ל בלשונם "פני הדור", היינו מנהיגיהם שנקראו "פני הדור" בעוה"ר) כפני הכלב... וכן הוא בעוה"ר בימינו רובם ככולם הכסף יענו את הכול, ונגיעת עצמם בקנאה תאווה וכבוד מתובל בשקר גאווה ונצחנות. אלו הדברים יוליכו אותם ואת לבותם והמה יוליכו שולל את הדבקים בהם... אם ראית דור שצרות רבות באות עליו צא ובדוק בדייני ישראל (מפרש הכוונה)... בעוה"ר עתה רוב הרבנים והמנהיגים וכו' המה מערב רב"... יעזור הש"י להושיענו ולגאלנו בקרוב בב"א"...

המתמטיקה היא די פשוטה: **אם מנהיגי הדור רבים על כסף, כבוד, עוצמה וכו' - מה יעשה הבן ולא יחטא?!**

ה. ידיעת המכה היא חצי רפואה. מבחינה זו די לעיין בניתוח הבעיות בכדי להבין הפתרון המתבקש. ואכן בביאור הפתרונות לא הורחב הדיבור, מה גם שברוב המקומות צוין בשער ובערך המדויק בו נידון הנושא בהרחבה. במיוחד בחלקם של מנהלי מוסדות חינוך להם הוקדש ספר זה.

מאידך, חשוב מאוד לתת תמונה כוללת!

ככלל: במקום לחפש פתרונות, חלקם אמיתיים וחלקם פתרונות קסם או זמניים - ברור שהפתרון האמיתי הוא, להשקיע את מירב הכוחות למנוע את נשירת דור העתיד.

בפרטיות (לפי סדר תיאור הבעיות):

בעיות כלליות

- הקשבה, התייחסות, תשומת לב אישית היא במובן מסוים חצי הרפואה של מכלול הבעיות. ברגע שהתלמיד יודע שלמישהו אכפת ממנו באמת, ואותו גורם משתתף בצערו, כואב את כאבו ושמח בשמחתו, הרי גם כאשר הפתרון האמיתי של הבעיה לוקח קצת זמן, התלמיד מרגיש שהוא בידיים טובות. מאידך, כאשר התלמיד יודע ומרגיש (והאמת תיאמר שרגש אהבה אמיתי א"א לזייף!) שלמשפיע או האחראי לגורלו לא אכפת ממנו באמת, גם כאשר המשפיע משתדל פה ושם, הרי שהאכזבה מהעדר האכפתיות נכלל בכלל 'יצא שכרו בהפסדו'.

ידועה אימרת אחד מגדולי החסידות: "את הקב"ה והילדים אי אפשר לרמות!"

- עם הרבה אהבה וקצת רצון אפשר לגשר גם על פער הדורות. השאלה "איך"? אינה כ"כ רלוונטית, כמו עצם הרצון להתקרב ולפעול מתוך קירוב הלבבות.

מאידך, ברור שבכדי לפתור את הבעיה יש לרדת אל הפרטים, גם הקטנים ביותר.

הרבה דיו ודם נשפך על נושא זה.

- עם פתיחת ריבוי קורסים מקצועיים למורים אודות חינוך מיוחד לנוער המאתגר כיום - המחסור בכוח אדם מקצועי והולם יפחת עם הזמן. הפתיחות בנושא הנושרים יזרים אליו כישרונות גם מבין אלו שמעולם לא חשבו שעמוק בליבם יש להם הכלים והכוחות לפעול עבור נשמות יקרות אלו.

- רק תחרות ידידותית והוגנת של אנשי רוח שנדבה רוחם לפעול מבלי לקבל תמורה כל שהיא, או שלחלופין יסתפקו בתמורה סמלית בלבד – תביא לירידה ב"שכר המנהלים" המוגזם.

- הקמת מוסדות חינוך מיוחדים לתלמידים שדורשים שילוב של 'תורה ומלאכה' היא שאלה של זמן. עד שמנהיגי התורה יגיעו לידי הכרה, שטובתן של אלפי נשמות יקרות שעוזבות את הדת חשובה יותר מאשר סטאטוס דמיוני לא יארך הזמן.

- הקמת מוסדות חינוך ששעריהם יהיו פתוחים בשיוון מוחלט לכל אשר בשם ישראל יכונה, מבלי לבדוק בחשבון בנק ההורים!

רק תחרות הוגנת לשם שמים, תמוטט את המערכת השמנה של תעשיית הכספים על גבם של תלמידים והורים חסרי אונים!

- ניפוץ דעות קדומות של דורות על גבי דורות אינו דבר של מה בכך. אך לא אלמן ישראל, ובעשור האחרון אנו עדים לתופעה נגדית ולמאמרי מערכת מעיתונים נכבדים שללא כל ספק טיפין טיפין עושים את שלהם.

בסוף הדרך נגיע אל היעד - היהדות המקורית האמיתית היא כזו הדורשת אמת וביטול. השאלה מה תג המחיר שנצטרך לשלם עד שהעם יכיר ביהדות האותנטית.

- מערכת החינוך: החל מעבודות המנהל וצוות המחנכים, נדרשת לא רק ללמד את הילד גרידא, וגם לא להסתפק בתוכניות החינוכיות הסטנדרטיות. אלא, עבודת הקודש שלהם היא בציפור נפשה של עם ישראל. חינוך כזה דורש לחדור עמוק לנפשו של הילד, ולטפל טיפול עמוק ושורשי במכלול הבעיות עימם הוא מתמודד, גם עם אלו שאינן נראות לעין וחבויות בעצם נשמתו של הילד.

- חייב להיות פתרון הולם לכל ילד באשר הוא. זוהי דרך היחידה לעצור את הידרדרות הנוראה.

- חינוך אמיתי ופנימי משמעותו לרדת לנבכי נפשו של התלמיד. לדעת מה באמת מציק לתלמיד, מהן השקפותיו, כוונותיו, וכך לכוון את התלמיד לדרך הנכונה.

- פתרון בעיות הנישואין הינו אתגר שהולך ומתגבר. הקשיים הם כקריעת ים סוף, ונראה על פניו שזו משימה בלתי אפשרית. מאידך, נראה שהמודעות לחשיבות של נישואין בגיל מוקדם תופס תאוצה מיום ליום. לא לחינם צעקו גדולי הדור שבדור יתום זה יש לזרז את הנישואין, וכל המקדים הרי זה משובח.

הורים

- נראה שעד קיום הייעוד "לא יחדל אביון מקרבך", הרי שמידת החסד והצדקה של אלו שזכו לתת מהונם, כמו גם עסקנים ורבנים שיכולים להקל על מצוקתם של הורים נזקקים, שכרם הרבה מאוד. אך מאידך, חשוב שהורים ומחנכים יהיו מודעים להשפעה השלילית של עניות על נפש הילד!

- חובת ההורים ללמוד את מקצוע החינוך טרם הנישואין! מי ייתן והיו מחוקקים חוק שאסור להתחתן מבלי לעבור קורס מקצועי, להיבחן על החומר הנלמד, ולקבל רישיון נישואין! כמה שרעיון זה נשמע תלוש מהמציאות - הרי שלדאבון הלב, קיימים סיפורים מסמרי שיער לרוב, על הורים שהורסים ומתעללים בילדיהם - פיזית, נפשית וגם מינית – מה שיגרום שבמקודם או במאוחר אכן יחוקקו חוק כזה לבסוף!

- פתגם עממי אומר "לאמן סוס ישן זו משימה בלתי אפשרית". למרות זאת, מנהיגי הדור חייבים להביא לתודעת הציבור את החשיבות לדרכי התקשורת עם הדור הצעיר. כל דרך אחרת נידונה לכישלון חרוץ מראש.

- חייב להיות ברור לכל הורה, מורה, מנהל, משפיע, ולכל אשר בשם מחנך יכונה: יסוד היסודות ועמוד החכמה לחינוך מכל סוג שרק יהיה, כולל חינוך מבוגרים וחינוך עצמי, הוא אך ורק ע"י אהבה! אהבה ושוב פעם ואהבה. אהבה ללא גבולות ומעצורים, אהבה כנה ואמיתית!

- חובת ההורים לדאוג לחינוך הולם לילדיהם, ולא בהתאם לרוח הרחוב או עקב נסיבות צדדיות שרק יזיקו לילדיהם בטווח הקצר והארוך.

- אם אי אפשר למעט את מכת הגירושין - הרי שאת צורת הגירושין כן אפשר לשפר! באם לנגד עיניהם של ההורים המתגרשים תהיה אך ורק את טובת הילד ולא פורקן תאוות הנקמה, הרי שההיסטוריה כבר ראתה פירוק תאים משפחתיים בצורה יפה. אמר מי שאמר: "מותר להתגרש, אך לא להרוס ילדים"!

מוסדות חינוך

- חובת המוסד לעקוב אחר שלומם הטוב והפיזי של כל תלמיד ותלמיד. והעיקר, להחדיר בתלמידים אהבת ישראל כנה ואמיתית!

- תוכנית לימודים המתאימה לצרכי ורמת דורנו מחד, ומאידך מבלי לוותר על קוצו של יו"ד!

- מורים מקצועיים!

- מסירת נפש ואהבת ישראל כנה כיסוד להצלחת המחנך בשליחותו!

- חובת המוסד להקל על המתדפקים על שעריהם!

- חובת מנהלי סמינרים להקל במצוקת התלמידות בשכר לימוד ותנאי קבלה. והעיקר - להכינם לקראת משימתם העיקרית - להיות עקרת בית לגדל ולחנך דור ישרים יבורך לעד ולנצח!

- הגיע זמן הקץ לאפליה הנוראה בין אשכנזים וספרדים, במיוחד במוסדות חינוך!

- אחריות המנהל והמערכת לדאוג לשלום התלמידים הנושרים בתוך המערכת!

- חובת המוסד לדאוג לצוות מקצועי ומנוסה שיטפל בבעיות המיוחדות של התלמידים!

<u>מנהגי הדור</u>

על מנהיגי הדור האמיתיים לשים לב לשורש הבעיה ולפעול בהתאם. וזוהי הדרך היחידה שהדור יעניק בחזרה למנהיגי הדור את הכבוד הראוי להם באמת.

ומסיימים בטוב!

ערך שמיני

בועה חינוכית

ערך שמיני
בועה חינוכית

"העולם מזדעזע", "השוק סוער", "בנקים מתמוטטים", "חברות פושטות רגל", "מאות אלפים מבוטלים", "בליוני דולרים נמחקו משוק ההון", "מאות אלפים איבדו את כל אשר להם", ובנוסף גם הפנסיה לעת זקנה נראית כמי ששבקה חיים... עם כותרות כאלה מידי יום ביומו, מתקבל הרושם שמלבד מלומר פרק ב'נעים זמירות ישראל' התהלים, אין הרבה מה לעשות...

לצד כל הכותרות המרעישות הללו, עומד לו יהודי צנוע, עטור בטלית ובתפילין, מסוגר בפינתו שבשטיבל הקטן בפאתי השטעטל, אי שם ברוסיה הרחוקה. כאשר את חדשות היום הוא יודע מזה שהתפלל בהשתפכות הנפש "המחדש בטובו בכל יום תמיד מעשה בראשית", והוא מהרהר בליבו "אולי בשלו הסער"...?

ידוע לכל בר בי רב, שכל הסערה העולמית (בשנת תשס"ח-ט) נגרמה ע"י גורמים שונים ומשונים שאינטרסים זרים ואישים בלבד עמדו לנגד עיניהם! בין אם היו אלו מנהלי בנקים שחמדו כסף קל, או נדל"ניסיטים שקפצו על ההזדמנות לשלשל לחשבונם רווחים מהירים. בנוסף לכך, גם הממונים על שלטון החוק חיפשו כל אמצעי לעודד את הכלכלה, והתוצאות לפניכם.

מלבד המסקנה המתבקשת מאליה, עד כמה עצום כוחם של בודדים היושבים ליד ההגה מחד, ומאידך כמה אלו יכולים לגרום להרס וחורבן עולמי שסופו לא ישוער – הרי שישנו מבט עמוק יותר על התמונה הכוללת.

תמצית הזוועה הכלכלית דאז היא במילה אחת: "בועה", או לחלופין "בלון נפוח".

ישבו אלו ונפחו את הבלון שנים על גבי שנים, עד שהכלים נשברו, והכל התפוצץ בקול רעש גדול. הנזק? - לא יאומן ובלתי נתפס. עד היום מלקקים עשירים גדולים את פצעיהם כתוצאה מהקריסה הכלכלית לפני עשור.

המסקנה היתה בלתי נמנעת: השקעות? בטוחות בלבד! השקעות ריאליות ולא מנופים!

במבט חד וחודר ניתן ללמוד מהזעזוע העולמי מוסר השכל מאוד עמוק ויסודי לנושא שלנו, שהוא יסוד היסודות ועמוד החכמות - החינוך! עלינו לאמץ בנידון את קביעת חז"ל: "את העולם נתן בליבו" של האדם הקטן, ולומר בוודאות מוחלטת: כאשר הפתרון החינוכי יבוא לידי סיומו הטוב, ללא כל ספק כלכלת העולם לא רק תתייצב, אלא עוד תביא איתה שפע של חידושים וחוקים מהפכניים בעולם הכלכלה!

בועת נדל"ן במושגים חינוכיים משמעותה: בניינים גדולים, כיתות מפוארות, תעודות תלמיד מוגזמות, יח"צנים, מסיבות נוצצות, והרשימה עוד ארוכה...

במבט אל העומק והפנימיות מתגלה תמונה אחרת לחלוטין:
תוכנית לימודים מקצועית - באמצע עדכון...
תוכנית לימודים חינוכית - מה זה בכלל...
מורים פדגוגים - בתוכנית...
עזרה ותמיכה לתלמידים חלשים - לכשירווח...

משמעת חזקה ואיתנה - מה יאמרו הבריות...
אווירה תורנית וחסידית כבימים ימימה - אנחנו לא פרימטיביים...
הדרכה חינוכית וקשר בונה עם ההורים - למי יש זמן לנודניקים...

נראה שרשימה צנועה יש בה כדי לתת דו"ח כולל על העניין, וללמדנו מה באמת עלול לקרוא למוסד מפואר כאשר כולו ריק מכל תוכן שלשמו המוסד נוסד: בועה! שתוצאותיה חד משמעיות: פיצוץ בקול רעש גדול, וקטסטרופה על כל המשתמע מכך!

בתשס"ח יצא לאור ספר מדהים וקרא שמו בישראל "בחזרה לאלף בית" מאת ד"ר עינת ווילף. למען הגילוי הנאות מן הראוי לציין לשבח ולתהילה את אומץ ליבה של המחברת, שיצאה בצורה גלויה ופתוחה וברעש גדול גם בראיונות בתקשורת נגד הזרם.

על גב הספר נכתב בזה הלשון: "מערכת החינוך מדממת ועליה להגיע בדחיפות לחדר מיון... המערכת נמצאת על סף קריסה".

נשמע מוכר? זוהי בועה חינוכית!

ייאמר בצורה הברורה ביותר: הרבה מוסדות חינוך נמצאים בבועה חינוכית שללא כל ספק וספק וספיקא הם עומדים בפני התפוצצות וקריסה!

- מוסד חינוכי שאין לו תוכנית עסקית, כדלהלן <u>בקצרה</u>, בדומה למנהלי בנקים שחילקו שלל רב על חשבון משלם המיסים והמשקיע.

- מוסד חינוכי שאינו נמצא בעליה מתמדת - קרוב לוודאי שהוא מתדרדר במורד ההר (ידוע המשל ע"כ מאדם המטפס על הרים, שאם לא עולים - נופלים).

- מוסד חינוכי שאינו שואף לשלמות מקסימאלית - הסתפקות במיעוט הינה תעודה לפשיטת רגל!

- מוסד חינוכי שאינו מייצר תלמידים טובים - בהחלט מגדל דור שמסוכן למוסד, לרחוב, לקהילה, לעיר ולשלום העולם כולו!

- דור הנושרים מעסיק את ראשי העם. אך קרוב לוודאי שבהעדר תוכנית חירום למלחמת תנופה עבור מוסדות חינוך, הרי שבעתיד הקרוב עוד נתגעגע לנושרים של שנת 2018.

התוכנית העסקית כוללת את ה"אני מאמין" שעל כל מנהל מוסד חינוכי לאמץ קרוב לליבו ועמוק בנשמתו.

האמונה:

- בכוחות העצומים שמסר הקב"ה בידי המנהל!
- בזכות הגדולה והאחריות העצומה שמתלוות לתפקיד!
- בניהול מקצועי ומסודר!
- בכך ש<u>כל</u> ילד יהודי הוא הבן של מלך מלכי המלכים, הקב"ה!
- ביכולתו של המנהל להגיע ל<u>כל</u> ילד!
- באחריות המוטלת על המנהל, ש<u>כל</u> ילד יהיה מאושר באמת!
- בכך ש<u>כל</u> ילד מסוגל למצות את המקסימום של יכולתו וכישרונותיו!
- באווירה נהדרת במוסד!
- בהנהלה מגובשת, פעילה ותומכת!
- בצוות מקצועי ומסור!
- בתוכנית לימודים וחינוכית מקצועית!

בשותפות כנה ובונה עם ההורים לאורך כל הדרך! ♻
ביציבות כלכלית לטווח ארוך, וקשר מועיל עם תומכים! ♻

זוהי כל תורת המנהל על רגל אחת, ואידך זיל גמור!

ערך תשיעי

קשר אישי והתנשאות

ערך תשיעי
קשר אישי והתנשאות

ההבדל בין קשר אישי והתנשאות הינו לא רק בכך שמדובר בעבודה שונה, אלא אף מדובר במושגים הנוגדים האחד את השני. אך מידת האמת יכולה לקשר גם שני קצוות הפכיים אלו:

עבודה עם תלמיד, השקעה פנימית, קשר חזק - מטבע הדברים יוצר תנועה של "אראפגעלאזענקייט" וידידותיות כלפי התלמיד. להנהגה זו יתרון מיוחד של קירוב לבבות, שתוצאותיו הם מעל ומעבר. תלמיד שמרגיש שהמנהל הוא ידיד שלו, מודע היטב לצורך לשלם ולגמול למנהל ע"י הטבה בלימודים והנהגה, וכו'.

אך בו זמנית חשוב לדעת שהנהגה זו יכולה לגרום גם לתנועה של זלזול של התלמיד כלפי המנהל ותביעותיו.

כך שבד בבד עם התנועה של הידידות - בכל מקרה על המנהל להישאר משכמו ומעלה כלפי התלמיד. דרושה מעין התנשאות וכבוד עצמי, לצד הידידות והקירבה. ה"זרוק מרה בתלמידים" חייב להישאר, גם כאשר המנהל אומר מילתא דבדיחותא, וגם כאשר על המנהל לעשות טובה אישית לתלמיד. בשורה התחתונה: צריך להיות גבול בין התלמיד למנהל.

וזאת על התלמיד לדעת, ולהתנהג בהתאם לכך. וכשיש צורך - על המנהל להסביר זאת בשיא העדינות, בלי כל שמץ של גאווה. עם מידת האמת אפשר לתבוע מהתלמיד נושאים שלכאורה נראים הפכיים.

ערך עשירי

דמות המחנך – משפיע או פסיכולוג?

ערך עשירי

דמות המחנך - משפיע או פסיכולוג

א. המערכת החינוכית הנהוגה ברוב מוסדות החינוך בכלל ובמגזרים מסויימים בפרט, בנוי באותו קו, תלם, גישה חינוכית ולימודית שנהוגה מאז ומעולם.

טבע האדם אוהב להמשיך וללכת באותו תלם ובמסורת הנהוגה בה הוא רגיל. במיוחד אם הדבר הושרש אצלו כבר בילדותו. כל שינוי, ולו הקל ביותר, דורש מאמץ מיוחד שאצל אנשים מסוימים מעורר פחד מוסתר מהעתיד הלוא נודע. וזאת גם כאשר לפעמים תמונות המצב עגומה ואף נוראית. דא עקא, הלוא נודע מפחיד אותם עוד יותר. ואשר ע"כ, האדם מעדיף להישאר עמוק בבוץ, מאשר לעשות את הצעד ליציאה וקפיצה אל האור הגדול.

נוהל זה תקפו גם כאשר מדובר במוסדות חינוך ובמנהליה.

הנושא בא לידי ביטוי בהרבה תחומים ומישורים. ובולט במיוחד בנושאים עיקריים ומהותיים בניהול מוסד חינוכי.

להמחיש את הנושא - ערך זה יתמקד בכמה דוגמאות בולטות.

ב.

א) חינוך הבנות - היה רק למשפחות שהיו מיוחסות לנזר המלוכה, משפחות אציליות. בסגנון התורני הכוונה לגזע, מיוחסים, משפחות רבניות וכדומה. הבנות שלא זכו לכך - נשלחו לקורס מעולה במטבח. המקסימום שקיבלו היה שיעור מאלף בצאנה וראינה, או לומר תהילים עם דמעות...

ב) נושא נוסף, והוא עיקר נושא הערך - רמתם המקצועיות של המורים: עד לעשור האחרון המושג של מורה מקצועי היה מופרך לחלוטין. "מה זה מורה מקצועי"? שאלו רבים וטובים. בכלל, אין את המושג "מורה" יאמרו אלה. יש מלמד, מחנך, או אפילו "רבי", כפי שקוראים לו בחצר הביתית, והוא בוגר ישיבה מצוינת, שלמד המון שנים בכולל, יר"ש מופלג, גאון בתורה ובמוסר, מופשט מעוה"ז ועוד. וכמה שהוא יותר מופשט הוא יותר "א פיינער מלמד". למורים לא היו שמץ של מושג על מסירת שיעור מקצועי, על לתת לתלמידים את הכלים והערכים ללימוד מקצועי ועצמאי. על להבין את נפש התלמיד גם כאשר הוא סגור ומופנם לא היה מה לדבר בכלל. למעשה, המלמדים לא ידעו אפי' שהמושגים הללו קיימים! וכך אין פלא שרבבות תלמידים, במיוחד אלו שאין להם כישרונות לשגשג בתורה, לצד קשיי למידה, התדרדרו לשאול תחתית ממש.

ג) נושא עוד יתר מצער - ילד חריג הכולל בתוכו סוגים שונים:

√ ילד שנפלט מהזרם.
√ ילד עם קשיי למידה.
√ ילד עם הפרעה נפשית.
√ ילד עם פיגור שכלי פיזי.
√ ילד שאינו בקו הבריאות.

כפי שיפורט לקמן באריכות.

ילדים אלו היו מוחבאים מתחת השטיח לבל יזיקו ח"ו לשמה הטוב של המשפחה, או לחבילת השידוכין... ולמעשה הם היו נידונים למיתה רוחניות טרם שגדלו. השאלה היתה רק איזה מהד' מיתות הם יקבלו... אך דבר אחד ברור: לחינוך יהודי אותנטי הם לא זכו. היו כאלו שהעדיפו לשלוח את ילדיהם לבתי ספר של גויים, ובלבד שלא יזיקו למשפחה (למעט אלו ששלחו לבתי ספר של גויים במקומות שלא היתה מסגרת יהודית ראויה לילדים אלו. עובדה מצערת כשלעצמה).

ילד עם בעיות נפשיות, למרות שמדובר בילד מן השורה - לא רק שלא זכה לטיפול מקצועי, אלא עוד זכה למנה של 'ביטושים'. וכך גדול דור שלם עם בעיות נפשיות שהעביר את הכתם לדורות הבאים! נשמע דמיוני? הסיפורים מחיי היום יום שמתגלים חדשים לבקרים, מעידים ללא ספק על חוסר טיפול מקצועי בבעיות הקשורות עם נפש ומהות האדם.

למרבית הצער והכאב, דווקא אחרי השואה האיומה וקום מדינת ישראל (מבלי להיכנס לשום אידיאולוגיה זו או אחרת, אלא למציאות בשטח) שהיתה (ועדיין הינה) מסכת של ייסורים איומים לאחינו בני ישראל שרידי דור השואה ופליטי עדות המזרח.

זה נשמע בדיחה פורימית, או סתם אגדה מצחיקה. אך למרבית הצער והכאב, גם בדורנו נשארה צלקת עמוקה מדור השואה!

כך או אחרת, נפש האדם ושלימותו מעולם לא זכו להכרה רשמית של מדינה כזו או אחרת.

ג. חלק ניכר מהשינויים והזעזועים שמערכת החינוך תידרש לה הם - תיקון עוולות אלו.

בערכים שונים דנו באריכות בחלק נכבד משלל בעיות אלו. בערך זה נתעכב בעיקר על אחדים מהם (והשאר בקצרה ולו רק כדי לתת לנושא תמונה מקיפה):

לא ברא הקב"ה דבר בעולמו לבטלה. ומה שברא לא ברא אלא לכבודו קבעו חז"ל. כך <u>שכל</u> דבר שקיים בעולם שרשו בעצם בקדושה. "ותורה היא וללמדו אני צריך". כך גם כשאר מדובר בחכמה בגויים, תמצא שמטרתו <u>הבלעדית</u> - שיהודי יוכל להשתמש בזה לשמש את קונו. ואין ביאור אחר לעניין. חד וחלק.

בנידון דידן,

א) מוסדות חינוך לבנות - הפכו לחלק מהמערכת החינוכית.

ב) תופעה מבורכת נוספת (שיש לברך ולעודד את אלו העוסקים באמונה בתחום זה, יברך ה' אותם בשפעה ברכה והצלחה עד בלי די) היא - העלאת רמת המקצועיות של המורים: היום מורה חייב לעבור הכשרה מקצועית/פדגוגית לפני שהוא חותם חוזה ומפקידים בידו את עתיד הדור הבא! בדומה לרופא שלעולם לא ילבש את החלוק הלבן, ובוודאי שלא יתנו לו את אזמל הניתוח ויכריע בין חיים להיפך החיים ר"ל, לפני שהוא ישב ויגע בתורת הרפואה שנים רבות ויקבל את התעודה המיוחלת בידו! ואם ברופא גשמי כן - עאכו"כ שכך צריך להיות ברופא רוחני שבידו מופקדים בניו יחידיו של מלך מלכי המלכים הקב"ה. משל זה היה צריך להיות מובן מאליו, אך נראה שלמדו את זה בדרך הקשה.

ג) מערכת החינוך העברה שינוי דרסטי ושורשי ע"י הכרה בצורך בטיפול בנשמות יקרות אלו. בעשור האחרון צצו כפטריות אחר הגשם מוסדות שונים ומשונים לילדים שיצאו מהזרם הכללי - לנושרים, לילדים עם קשיי למידה, ילדים עם הפרעות נפשיות, ילדים עם פיגור שכלי פיזי, ילדים מהסוג שיש להם נשמה גבוהה במיוחד (כידוע ליודעים), מוסדות לילדים שאינם בקו הבריאות גשמי ר"ל - רופא כל בשר ישלח להם רפואה שלימה ומהירה בתוך שאר חולי ישראל - והם מצליחים למעלה מדרך הטבע לגמרי.

לאלו וגם אלו ישנם מוסדות מיוחדים ומקצועיים.

רוב חכמות אלו התפתחו אצל הגויים. ובאם אפשר להציל ולו נפש יהודית אחד על ידי כך - חובה גם עלינו לאמץ שיטות אלו! פעם התנזרו מזה עד קצה האחרון, עד שקמו כמה "אפיקורוסים" והחדירו המוגש של מקצוענות במערכת החינוך של דורנו, עשו מהפיכה של ממש והצילו הרבה נשמות! אלו יזכרו לעד ולנצח נצחים עבור תרומתם הנפלאה לדור זה ולדורות העתידים!

ד. מאידך, חשוב להיות מודע להגבלות שקיימות בשוק זה:

א) השוק מופץ בטיפולים שונים ומשונים, חלקם הינם בגדר דמיונות והבל רוח שכל הצלחתם היא פסיכולוגית ואחיזת עיניים בלבד, ללא עזרה ממשית, ואי לכך חשוב לבחור את העיקר, ולא להיסחב אחרי מודעות מרהיבות עין, או אחרי ברכות והבטחות שווא ממי שאין לו כל כוח רוחני על-טבעי. חשוב להתייעץ עם רופא ידיד משפחתי, שמכיר את פרטי הטיפול, בכדי ימליץ על טיפול, ויהיה בקשר תמידי עם המטפל.

ב) כל סוג טיפול חייב להיות מאושר ע"י רב בעיר ואם בישראל!

ג) בכמה עיירות נידחות, כאשר מוסדות חינוך לחינוך מיוחד אינם בנמצא, והאופציה היחידה היא בתי ספר של גויים - חשוב מאוד לקבל הדרכה ספציפית ומיוחדת מרב שבקי בפרטי גישות החינוך במוסד זה.

ה. ככלל עיקרי ושורשי חשוב להבהיר כמה רעיונות בסיסיים:

א) כתוב בזוהר "ליכי מילי דלא רמיזא באורייתא". לאור זאת, כל סוג טיפול שרק קיים עלי אדמות, באם מדובר בטיפול מועיל ומרפא - יש לו שורש ומקור בתורה. יתרה מזו: לא רק שיש לו שורש ומקור בתור רמז, אלא הרעיון הבסיסי של כל טיפול שרק יהיה - בנוי ומבוסס על רעיון תורני בצורה כזו או אחרת, ביאור בנגלה, או הסבר מסתורי בנסתר דאורייתא, בדרוש או בסוד.

ב) רעיון נוסף עליו הרחיב הרופא הגדול המחנך הדגול, הרמב"ם היא, שכל מחלה פיזית וגשמית, שורשה בבעיה רוחנית. ואי לכך, עיקר הטיפול הוא בנפש, והגוף נגרר אחריו!

ג) למרות שללא כל ספק, כל רפואה חייבת להיות מלובשת בלבוש של טבע, גם כאשר מצפים לניסים ונפלאות - על האדם לעשות את השתדלותו הטבעית מצידו. אעפ"כ חשוב לזכור את העיקר. ואי לכך, במקום שישנה סתירה כל שהיא בין הטיפול לבין הדרישות של תורת אמת - ברור מה צריכה להיות הבחירה. על האדם לזכור מי הוא באמת ה"רופא כל בשר" ולהשליך על ה' יהבו!

ו. כללים אלו קיימים בכל רפואה. ברפואה רוחנית מתווסף לכך רעיון יסודי:

יועצים חינוכיים מקצועיים, הם דבר נחוץ לכל מוסד חינוכי ובית בישראל. למעשה בפועל, על כל בעיה שאיננה רגילה, <u>חייבים</u> להתייעץ עם יועץ מומחה היורד לנבכי נפשו של הילד!

אבל, והאבל במקרה זה די פרוץ, מוכרחים לומר את האמת: ככל דבר טוב ויפה, קיימת פריצה בשוק זה. העיסוק בייעוץ הפך להיות עסק די משעשע ומצליח שמתן שכרו בצידו אינו מבייש אף רופא בכיר מן המניין. לכן חשוב לזכור את העיקר: יועץ מקצועי חייב להיות מסור לטובת התלמיד בחבלי עבותות אהבה. כאשר חסר הבריח התיכון, הלב היהודי, כל הטיפול הוא כעיקר החסר מן הספר!

והדבר בדוק ומנוסה – בעלי מקצוע שכל מעיינם היה אך ורק בהמחאה שתשולשל לכיסם בגמר הטיפול - לא הצליחו במשימה! מאידך, אלו שעבדו מתוך תחושת שליחות - הצליחו מעל ומעבר למשוער!

אבן הבוחן היא:

1) כאשר יועץ חינוכי מסרב לטפל בילד שאינו יכול לשלם! אכן, כל יועץ רשאי לגבות תשלום שכר על עבודתו, במיוחד בבעל משפחה שזה המקצוע שלו. מאידך, לסרב לעזור ליהודי שבאמת ובתמים אין לו כסף - אין זה מסימני היהודים: "רחמנים, ביישנים וגומלי חסדים".

2) ליועץ חינוכי חייב שתהיה תעודת מקצועית וחוקית.

3) המלצות מרב קהילה, עדה וכדומה.

לזכרון עולם בהיכל ה'

פרויקט מיוחד זה נכתב ונתרם

לעילוי נשמת
הרה"ח הרה"ג אי"א נחמד ונעים
הרב **חנני'ה יום טוב ליפא** וועכטר זצ"ל

רב ואב"ד בעיר טורונטו רבתי, קנדה
עסק בחינוך ילדי ישראל ובהרבצת התורה והיהדות לשם שמים מתוך גאון יהודי אמתי ללא מורא ופחד, מתוך אהבת אמת, כבוד והערכה לכל יהודי באשר הוא!

נפטר בשיבה טובה ביום ט"ז לחודש אדר ה'תש"נ

ולעילוי נשמת
הרבנית הצדקנית מרת **זעלדא ראכל** וועכטר ע"ה

אשת חיל עטרת בעלה
עמדה לימין בעלה בשליחותו ועבודת הקודש
במסירות ובאהבה אין קץ!

נפטרה בשיבה טובה ביום י"ג לחודש סיון ה'תשס"ח

ת.נ.צ.ב.ה.

לזכרון עולם בהיכל ה'

פרויקט מיוחד זה

מוקדש לזכרו של חמי היקר ואהוב

ר' אברהם צבי בן ר' **שלמה יהודה** ז"ל

איש חסד אשר עסק בצרכי ציבור באמונה לשם שמים. קיבל כל אדם בסבר פנים יפות ותמיד עזר ביד נדיבה ובלב רחב.

ת.נ.צ.ב.ה.

בכבוד ובאהבה
משפחת ג'ורג' האפסטטר

לזכרון עולם בהיכל ה'

לעילוי נשמת

ר' ירחמיאל מרדכי ב"ר חיים הייטנער ע"ה

ורעיתו פריידא חיה ביילא בת ר' יצחק צבי ע"ה

ר' יוסף יום טוב ב"ר אשר אנשיל פישמאן ע"ה

ורעיתו רבקה בת ר' מאיר זאב ע"ה

ת.נ.צ.ב.ה.

**נדבת ר' בן ציון הייטנער ורעיתו מרים בריינא שיחיו
לע"נ הוריהם היקרים**

לזכרון עולם בהיכל ה'

פרויקט מיוחד זה נכתב ונתרם

לזכות

ידידנו, הנגיד היקר, הנכבד והנערץ, רודף צדקה וחסד תמיד כל הימים, עוסק בלהט
ובמסירות נפש בהפצת התורה והחסידות כרצונם הקדוש של רבותנו נשיאנו ברחבי
תבל.

הרה"ח
הרב יוסף משה זאיאנץ וב"ב שיחיו

ס. פאולו, ברזיל

לזכרון עולם בהיכל ה'

פרויקט מיוחד זה

מוקדש לזכרם הטהור ושמם הטוב של הורינו וזקנינו היקרים ואהובים

מוהר"ר **אלימלך גבריאל** ורעיתו מרת **הינדא** ז"ל **טרעס**

גבורי כח אשר בגבורה נתעלו מעל תקופתם ובני דורם בהיות אמריקה שממה רוחנית.

גבהו כנשר לצורך השעה וכובד האחריות, בכדי לרומם כבודה של תורה ולשאת בעול למען הצלת אחב"י הנתונים בצרה.

חסד וטוב הרבו בהצנע לכת ובמסירות נפש נפלאה.
שלשלת הוד קדומים לטהרה ולקדושה,
בהמשכת אורח חייהם נציב להם נר זכרון

ת.נ.צ.ב.ה.

המצניחים שמם בחדרת כבוד משפחת טרעס

לזכרון עולם בהיכל ה'

לעילוי נשמת

ר' בנימין בן חיים יוחנן ע"ה
מרת אסתר דבורה בת יצחק נחמן ע"ה

ת.נ.צ.ב.ה.

**נדבת ר' חיים ושרה שיחיו פורערר
לע"נ הוריהם היקרים**

לזכרון עולם בהיכל ה'

לזכות ולעילוי נשמת

השליח היקר והמיוחד - נשמה קדושה וטהורה
ברוך שניאור זלמן ע"ה

בן יבלחט"א הרב ר' **אברהם אליהו** והרבנית **אסתר גאלדע** שיחיו לאויוש"ט

שלוחא דרבנן ורב קהילה בעיר רבתי מרקאהם, טורונטו, קנדה

נולד ביום הבהיר – ב' אייר ה'תשס"ג
נסתלק שלשה ימים קודם יום הולדתו ה-15, ל' ניסן, אדר"ח אייר ה'תשע"ח

ת.נ.צ.ב.ה.

לזכרון עולם בהיכל ה'

לעילוי נשמת

הרה"ח ר' אברהם חיים ישראל ע"ה בן ר' יוסף ע"ה
נלב"ע ח"י אדר שני ה'תשע"ו

וזוגתו הרבנית רעכיל ע"ה בת ר' עזריאל איכל ע"ה
נלב"ע ב' ניסן ה'תשע"ה

ראפפורט
טורונטו, קנדה

אנשי חסד אשר פזרו הונם לצדקה, וגם עסקו בצרכי ציבור באמונה ולשם שמים. הן לצרכי הקהילה בטורונטו והן למען אחינו בני ישראל בארץ הקודש בכלל ובעיר הקודש צפת במיוחד. קיבלו כל אדם בסבר פנים יפות ותמיד עזרו ביד נדיבה ובלב רחב.

ת.נ.צ.ב.ה.

הונצח בחדרת קודש – משפחת ראפפורט המורחבת

לזכרון עולם בהיכל ה'

שלמי תודה

שלמי תודה אביע בזה לעסקנים הדגולים, יקרים וגם נערצים, מגדולי העוסקים בצרכי ציבור באמת ובאמונה, ומעמודי התווך של הקהילה בעיר טורונטו - קנדה

הרב ר' שמואל חיים שי' בן עסקא ריידל
הרב ר' ישראל שי' בן רבקה מילר

על העזרה הנפלאה במסירות נפש כפשוטו, בסבר פנים יפות בכל עת ובכל שעה!

תבורכו מפי עליון עד בלי די ממש. בשפע רב בגשמיות, ובמלוא חופניים נחת יהודי תורני מכל יוצח"ל עד ביאת משיח בקרוב בימינו.

מוטל ווכטר, עורך הספר

נדבת ידידי "ניהול נכון" הנגידים הנכבדים:

(לפי סדר הא-ב)

רבנים וארגונים:

אדלר – הרה"ג ר' יאיר וב"ב שליט"א. טורונטו, קנדה

אוקס – הרה"ג ר' מרדכי והרה"ג ר' קלמן וב"ב שליט"א. טורונטו, קנדה

לאווי – הרה"ג ר' משה מרדכי וב"ב שליט"א. טורונטו, קנדה

ליפסקער – הרב ר' בן ציון וב"ב שיחיו. קרן מרומים. רוסיה

מוללער – הרה"ג ר' ישראל יואל וב"ב שיחיו. טורונטו, קנדה

פעלדר – הרה"ג ר' יעקב וב"ב שליט"א. טורונטו, קנדה

קורובקין – הרה"ג ר' דניאל וב"ב שליט"א. טורונטו, קנדה

שוחט – הרה"ג ר' דוד וב"ב שליט"א. טורונטו, קנדה

ידידים:

אהרונוב - ר' מענדל וב"ב שיחיו. טורונטו, קנדה

אייזנבערג – ר' יעקב וב"ב שיחיו. טורונטו, קנדה

בוחבוט – ר' שלמה וב"ב שיחיו. טורונטו, קנדה

בינט – ר' שמעון וב"ב שיחיו. מונטריאול, קנדה

בינשטאק – ר' אלי וב"ב שיחיו. טורונטו, קנדה

ביסטריצער – ר' ג'עק וב"ב שיחיו. טורונטו, קנדה

בלומבערג – ר' מארטין וב"ב שיחיו. טורונטו, קנדה

בלימן – ר' אברהם וב"ב שיחיו. טורונטו, קנדה

בלימן – ר' אהרון וב"ב שיחיו. טורונטו, קנדה

בלימן – ר' נתן וב"ב שיחיו. טורונטו, קנדה

בערקאוויטש – ר' בן-ציון וב"ב שיחיו. טורונטו, קנדה

בראכפעלד – ר' העניך וב"ב שיחיו. טורונטו, קנדה

ברוין - ר' מנחם וב"ב שיחיו. טורונטו, קנדה

גאנזבורג – הרב יוסף שמחה וב"ב שליט"א. טורונטו, קנדה

גונזבורג – ר' יצחק וב"ב שיחיו. טורונטו, קנדה

גרובנער - ר' אהרון וב"ב שיחיו. טורונטו, קנדה

גרוס – ר' שמואל וב"ב שיחיו. טורונטו, קנדה

גרוס – ר' שמשון וב"ב שיחיו. טורונטו, קנדה

גרינוואלד – ר' שלום חיים וב"ב שיחיו. טורונטו, קנדה

דוהני – ר' משה וב"ב שיחיו. טורונטו, קנדה

דייטש – ר' מוטל וב"ב שיחיו. ניו הייבן, ארצה"ב.

האסענפלד – ר' מנחם וב"ב שיחיו. טורונטו, קנדה

הווער – ר' שמואל וב"ב שיחיו. טורונטו, קנדה

הופשטטר – ר' ג'ורג וב"ב שיחיו. טורונטו, קנדה

הייטנער – ר' בן ציון וב"ב שיחיו. טורונטו, קנדה

העלר – ר' אברהם וב"ב שיחיו. טורונטו, קנדה

העלר – ר' פייבל וב"ב שיחיו. טורונטו, קנדה

הרצוג – ר' יעקב וב"ב שיחיו. טורונטו, קנדה

וואלפיש – ר' יצחק (איירע) וב"ב שיחיו. טורונטו, קנדה

וויינשטאק – ר' גרשון וב"ב שיחיו. טורונטו, קנדה

ווכטר - ר' מרדכי וב"ב שיחיו. ברוקלין נ.י.

וועלמאן – ר' רמי וב"ב שיחיו. טורונטו, קנדה

ווערנר – ר' בנימין וב"ב שיחיו. טורונטו, קנדה

ווערנר – ר' שמעון וב"ב שיחיו. טורונטו, קנדה

זולטי – האחים ר' דוד ור' שלמה וב"ב שיחיו. טורונטו, קנדה

זיאניץ – ר' יוסף אברהם וב"ב שיחיו. ברזיל

זייפמן – ר' לארי וב"ב שיחיו. טורונטו, קנדה

זלוטניק – ר' בובו וב"ב שיחיו. טורונטו, קנדה

טויבער – ר' שמואל וב"ב שיחיו. טורונטו, קנדה

טעננבוים – ר' מנדל וב"ב שיחיו. טורונטו, קנדה

טרעס – ר' צבי וב"ב שיחיו. טורונטו, קנדה

ינובסקי – ר' איתמר וב"ב שיחיו. טורונטו, קנדה

ינובסקי – ר' יוסף וב"ב שיחיו. טורונטו, קנדה

יעקובס – ר' פאול וב"ב שיחיו. טורונטו, קנדה

יעקובאוויק – ר' נועם וב"ב שיחיו. טורונטו, קנדה

יעקובאוויק – ר' עקיבא וב"ב שיחיו. טורונטו, קנדה

לאווענטאל – ר' קלמן וב"ב שיחיו. טורונטו, קנדה

לעמעל – ר' שמואל וב"ב שיחיו. טורונטו, קנדה

מארדער – ר' הערשל וב"ב שיחיו. טורונטו, קנדה

מארדער – ר' שלמה וב"ב שיחיו. טורונטו, קנדה

מוסקוף – ר' בערני וב"ב שיחיו. טורונטו, קנדה

מורקער – ר' ברוך וב"ב שיחיו. טורונטו, קנדה

מילר – ר' איזי וב"ב שיחיו. טורונטו, קנדה

מייעראוויטש – ר' יוסף וב"ב שיחיו. טורונטו, קנדה

מייעראוויטש – ר' ישראל מאיר וב"ב שיחיו. טורונטו, קנדה

סיגלר – ר' בנימין וב"ב שיחיו. טורונטו, קנדה

סיגלר – ר' מרדכי יוסף וב"ב שיחיו. טורונטו, קנדה

סיגלר – ר' משה וב"ב שיחיו. טורונטו, קנדה

סידנפעלד – ד"ר אלן וב"ב שיחיו. טורונטו, קנדה

סידנפעלד – ר' דוב וב"ב שיחיו. טורונטו, קנדה

סידנפעלד – ר' מוטי וב"ב שיחיו. טורונטו, קנדה

עברט – ר' יצחק וב"ב שיחיו. טורונטו, קנדה

עמר – ר' יעקב ור' מנדל וב"ב שיחיו. צרפת – אה"ק

פארער - ר' חיים וב"ב שיחיו. טורונטו, קנדה

פרידבערג – ר' אברהם וב"ב שיחיו. טורונטו, קנדה

פרידבערג – ר' דוב וב"ב שיחיו. טורונטו, קנדה

פרידמאן – ר' בן ציון וב"ב שיחיו. טורונטו, קנדה

פרנקל – ר' יהושע וב"ב שיחיו. טורונטו, קנדה

צימערמאן – ר' דוד וב"ב שיחיו. טורונטו, קנדה

קאהן – ר' תום וב"ב שיחיו. טורונטו, קנדה

קאפאלוביץ – ר' מנדל וב"ב שיחיו. טורונטו, קנדה

קאפאלוביץ – מרת דבורה וב"ב שיחיו. טורונטו, קנדה

קאזינובסקי – ר' אלי וב"ב שיחיו. טורונטו, קנדה

קוניג – ר' אלי וב"ב שיחיו. טורונטו, קנדה

קליין – ר' ארי וב"ב שיחיו. טורונטו, קנדה

קפלן – ר' יעקב וב"ב שיחיו. טורונטו, קנדה

ראבינוביץ – ר' שאול וב"ב שיחיו. טורונטו, קנדה

ראזנבלום – ר' אנשיל וב"ב שיחיו. טורונטו, קנדה

ראפפורט - ר' יוסף וב"ב שיחיו. טורונטו, קנדה

רובנער – ר' משה וב"ב שיחיו. טורונטו, קנדה

רוטשילד – ר' לעני וב"ב שיחיו. טורונטו, קנדה

ריידעל – ר' שמואל חיים וב"ב שיחיו. טורונטו, קנדה

רייכמן - ר' בערל וב"ב שיחיו. טורונטו, קנדה

רייכמן – ר' דוד וב"ב שיחיו. טורונטו, קנדה

רייכמן – הרב ר' חזקי וב"ב שיחיו. טורונטו, קנדה

CW00384436

רייכמן – ר' ישכר דוב וב"ב שיחיו. טורונטו, קנדה

ריינער – ר' משה דוד וב"ב שיחיו. טורונטו, קנדה

רעכניץ – ר' שלמה וב"ב שיחיו. קאליפורניה, ארצה"ב

שמורס – ר' שמעון וב"ב שיחיו. טורונטו, קנדה

ידיד הרוצה בעילום שמו. טורונטו, קנדה

זכות ההתעסקות בחינוך ילדי ישראל תעמוד להם ולכל בני ביתם היקרים והאהובים שיזכו להצלחה רבה בכל המצטרך, לשפע של ברכה במעשה ידיהם, לבריאות נכונה ולרוות מלוא חופניים נחת יהודי מכל יוצאי חלציהם, עד ביאת גואל צדק במהרה בימינו ממש!

מאחל מקרב לב

מוטל ווכטר וצוות "ניהול נכון"

Printed in Great Britain
by Amazon

32233911R00093